中国老年人口消费研究

ELDERLY CONSUMPTION
RESEARCH IN CHINA

石贝贝 —— 著

社会科学文献出版社
SOCIAL SCIENCES ACADEMIC PRESS (CHINA)

序　言

　　消费在经济活动和人口经济关系中具有极为重要的地位。经济活动包括生产、消费、交换、分配四大环节，但是本质上只有生产和消费两大方面，它们分别代表了市场的供给和需求两个侧面。供求平衡即生产和消费平衡才是经济活动的根本要求。人口既是生产者，又是消费者，要在自身上实现两种角色的统一和人口经济关系的平衡。所以不论是经济学还是人口学都应当把消费与生产等量齐观。

　　老年人口消费具有独特的经济学意义和人口学意义。老年人口在退出劳动力市场以后，其生产性作用迅速下降，而其消费性作用仍刚性存在。但是不同的老年人口结构会呈现不同的消费特点，消费的规模、结构和弹性都具有很强的异质性。如果考虑东西方文化的差异，中国的家庭文化和代际关系结构赋予了老年人口消费不同的价值意义和行为选择。中国在未来相当长一段时间都会面临人口老龄化的严峻挑战，但是目前关于老年人口消费的研究产出还明显少于其他领域。从这个意义上讲，石贝贝博士《中国老年人口消费研究》一书的出版正当其时。

　　贝贝是我博士弟子，声闻四年，相知甚深。其读博期间，发心正念，问学专笃，成绩优异，尊师循礼，上下左右，广有赞誉。于中国老年人口消费研究，贝贝长期跟踪研究动态，卓有见识，当年即以此书相关题目完成博士论文，今更在此基础上整旧建新，即将付梓，可喜可贺。

　　书中除以翔实数据描述分析了中国老年人口消费水平和消费结构外，还对老年人口消费的城乡差异和类型递进研究做了创新尝试。当然，书中所论不无尚可商榷之处，但其求索之功与探新之步已然价值不菲，为推进中国老年人口消费研究作出了有益贡献。

是为序。

杨成钢
2023 年 5 月 成都

目　录

第一章　绪论 ………………………………………… 001
  一　研究背景 ………………………………………… 001
  二　研究意义 ………………………………………… 003
  三　研究思路与主要内容 …………………………… 005
  四　数据来源与研究方法 …………………………… 008
  五　创新与不足 ……………………………………… 009

第二章　文献回顾与理论基础 ……………………… 011
  第一节　相关文献回顾 ……………………………… 011
  第二节　理论基础 …………………………………… 025
  第三节　本章小结 …………………………………… 045

第三章　老年人口消费分析框架 …………………… 046
  第一节　概念界定 …………………………………… 047
  第二节　老年人口消费水平及消费结构的理论分析 … 051
  第三节　老年人口消费的影响因素分析 …………… 065
  第四节　本章小结 …………………………………… 083

第四章　中国城乡老年人口消费特征分析 ………… 084
  第一节　数据与样本特征 …………………………… 084

第二节　中国城乡老年人口消费水平变动趋势对比分析 ⋯ 089
　　第三节　中国城乡老年人口消费结构分析 ⋯⋯⋯⋯⋯⋯ 093
　　第四节　本章小结 ⋯⋯⋯⋯⋯⋯⋯⋯⋯⋯⋯⋯⋯⋯⋯ 098

第五章　中国城乡老年人口消费水平影响因素分析 ⋯⋯⋯⋯ 099
　　第一节　研究假设与研究设计 ⋯⋯⋯⋯⋯⋯⋯⋯⋯⋯ 099
　　第二节　中国城乡老年人口消费水平的影响因素回归分析
　　　　　　⋯⋯⋯⋯⋯⋯⋯⋯⋯⋯⋯⋯⋯⋯⋯⋯⋯⋯ 103
　　第三节　本章小结 ⋯⋯⋯⋯⋯⋯⋯⋯⋯⋯⋯⋯⋯⋯⋯ 113

第六章　中国城乡老年人口消费结构影响因素分析 ⋯⋯⋯⋯ 114
　　第一节　研究假设与研究设计 ⋯⋯⋯⋯⋯⋯⋯⋯⋯⋯ 114
　　第二节　中国城乡老年人口基本需求型消费的影响因素回归
　　　　　　分析 ⋯⋯⋯⋯⋯⋯⋯⋯⋯⋯⋯⋯⋯⋯⋯⋯⋯ 117
　　第三节　中国城乡老年人口自我实现型消费的影响因素回归
　　　　　　分析 ⋯⋯⋯⋯⋯⋯⋯⋯⋯⋯⋯⋯⋯⋯⋯⋯⋯ 128
　　第四节　本章小结 ⋯⋯⋯⋯⋯⋯⋯⋯⋯⋯⋯⋯⋯⋯⋯ 139

第七章　构建老年消费生态系统 ⋯⋯⋯⋯⋯⋯⋯⋯⋯⋯⋯ 141
　　第一节　老年消费生态系统的框架构建 ⋯⋯⋯⋯⋯⋯ 141
　　第二节　老年消费生态系统的发展思路 ⋯⋯⋯⋯⋯⋯ 143
　　第三节　本章小结 ⋯⋯⋯⋯⋯⋯⋯⋯⋯⋯⋯⋯⋯⋯⋯ 162

参考文献 ⋯⋯⋯⋯⋯⋯⋯⋯⋯⋯⋯⋯⋯⋯⋯⋯⋯⋯⋯⋯ 164

第一章 绪论

一 研究背景

进入21世纪，我国步入老龄化社会，2010年之后，老龄化发展速度加快。从2012年开始，60岁及以上老年人口数量以每年增长约1000万人的速度增长，2022年末达到2.8亿人。[①] 未来我国老龄化水平会持续提升，2030年我国将成为世界上最"老"的国家之一。可以说，人口老龄化是我国目前乃至今后很长一段时间人口发展的重要特征之一。1982~2050年中国人口年龄构成如图1-1所示。

我国老龄化的发展处于经济增长压力较大的背景中。过去，我国经历了经济的快速增长，并以高速经济增长引领了全球经济的发展。然而，过去的经济增长是以高人力投入和高资源投入为主导的粗放式发展。凯恩斯理论认为经济发展的动力是出口、投资、消费，三者被喻为拉动经济的"三驾马车"。在我国经济高速增长的背后，消费水平的走势相对不佳，经济增长长期依赖投资与出口，消费一直处于非主导地位。中国经济增长的特点可以被总结为"四高一低"，即高增长、高投资、高出口依存度、高储蓄

[①] 《王萍萍：人口总量略有下降，城镇化水平继续提高》，中国经济网，2023，http://www.ce.cn/xwzx/gnsz/gdxw/202301/18/t20230118_38353400.shtml。

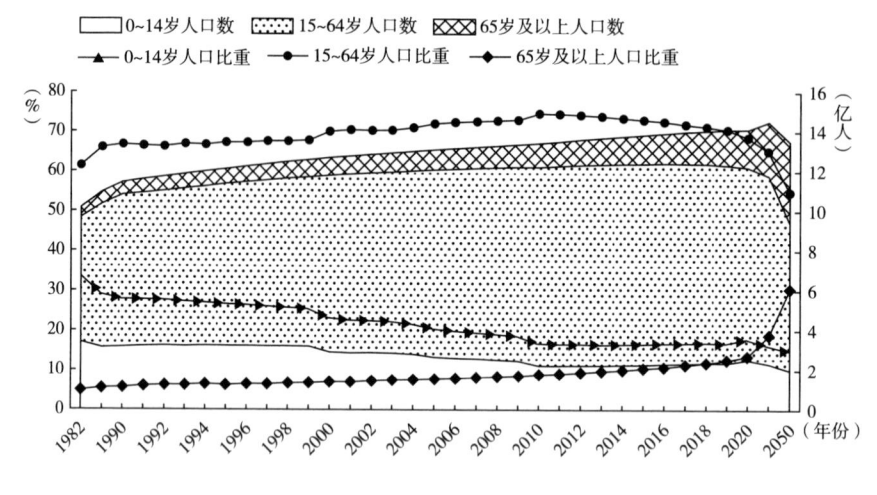

图 1-1　中国人口年龄构成（1982~2050 年）

资料来源：国家统计局《中国统计年鉴—2020》。

和低消费[①]，其中消费的拉动作用未能被充分发挥。在世界经济增长不利的大环境下，消费不足的经济增长方式很难实现可持续发展。过去依赖出口与投资的高速增长时代已不复存在，我国需要通过降速、转型与释放红利来实现经济多元化增长。相较于投资与出口两大动力，消费才是实现需求增长的根本动力。事实上，消费的充足与否不仅影响经济是否能可持续发展，更是关系到城乡居民是否能享受经济发展带来的社会福祉。消费水平不提高，居民生活质量便难以提高，这与我国的共享发展理念相违背。

生命周期假说认为人口年龄结构的年轻化或老化分别会使整个社会的消费倾向较高或较低，而人口年龄结构稳定的话，边际消费倾向的变动也不会太大。生命周期假说的提出引起了学术界的共鸣，人口老龄化和高龄化对居民消费结构的影响将会是持续

---

① 贾颖：《转型时期中国居民消费分析及宏观政策研究》，博士学位论文，财政部财政科学研究所，2012。

的、颠覆性的[1]。作为未来社会、经济发展可持续利用的重要资源[2]，日渐庞大的老年人口会逐渐改变消费群体的年龄结构分布，尤其是生育高峰时期出生的人口进入老年期，其必将引发一个消费的浪潮，推动银发经济发展[3]。

老龄化发展还面临复杂的社会环境。我国作为典型的二元经济结构国家，存在城乡发展不平衡问题，城乡老年人口的消费行为表现出不同的特征。目前我国正面临老龄化快速发展与老龄化城乡差异转变的关键时期。[4] 二元经济结构下，农村消费更能促进我国经济的长期增长[5]，老龄化更为严重的农村地区的老年人消费增长显得尤为关键。除此之外，城镇化过程中流动人口没有实现市民化也带来有效需求不足的问题，流动人口拥有较高的储蓄率和较低的消费率限制了其生活水平的提高[6]。城乡老年人口消费的扩大充满机遇和挑战，这时，研究城乡老年人口消费拉动经济增长便有了必然性和合理性。

二 研究意义

消费是"新常态"下经济发展的重要途径，也是经济增长的

---

[1] 乐昕：《老年消费如何成为经济增长的新引擎》，《探索与争鸣》2015年第7期。
[2] 石贝贝：《基于人口指标的中国老年人力资本测算与实证：2000－2010》，《老龄科学研究》2015年第10期。
[3] "The Grey Market: Older Consumers Will Reshape the Business Landscape Grey Market," *The Economist*, 2016, http://www.economist.com/news/business/21696539-older-consumers-will-reshape-business-landscape-grey-market.
[4] 杜鹏、王武林：《论人口老龄化程度城乡差异的转变》，《人口研究》2010年第2期。
[5] 李方正、王健：《转型期我国经济增长主导方式的探讨——基于消费和投资的视角分析》，《经济问题探索》2014年第5期。
[6] 任远：《社会融合不足使城乡面临"发展陷阱"》，《中国社会科学报》2016年4月13日。

基础动力。本书以人口老龄化为背景，总结城乡二元结构下中国老年人口的消费特征，同时从人口学视角，对老年人口消费水平及消费结构的宏观与微观层面的影响因素进行分析，探寻扩大消费、实现消费结构升级的有效途径。

（一）现实意义

中国目前的经济发展出现了储蓄增长、消费低迷的现象，这意味着我国面临经济发展结构性失衡问题[1][2]。尽管政府采取了一系列扩大内需的政策措施，消费水平发展仍面临较多困难。居民平均消费倾向、最终消费率持续下降。消费萎缩是国民经济增长必须面对的一个问题，涉及未来中国经济持续且高质量的发展。老龄化快速发展，面向老年人口的产品与服务需求扩大，为经济转型提供了机会窗口。可以说，经济转型需要方向，而老年人口消费市场的发展为其提供了一种必要选择。因此，全面认识老龄化背景下老年人口的消费水平及其影响因素可以提供许多有价值的信息，对"新常态"下社会经济政策的制定与完善具有借鉴意义，同时也为消费市场中面向老年人口的产品的更新换代提供明确方向。在当前中国应对人口老龄化压力较大与国内消费不足的困境下，本书从人口发展战略与经济发展战略的双重视角进行考量，为积极应对中国人口老龄化与促进经济协调可持续发展提供有益参考。

---

[1] Blanchard, O., Giavazzi, F., "Rebalancing Growth in China: a Three-Handed Approach," *China & World Economy*, 2006, 14 (4).

[2] Barnett, S. A., Brooks, R., "China: Does Government Health and Education Spending Boost Consumption?" *Social Science Electronic Publishing*, 2010, 16 (10).

（二）理论意义

第一，中国城乡老年人口消费水平与消费结构的影响因素实证研究是对老年消费研究的拓展与延伸。本书系统分析了老年人口的消费行为与消费特征，并从城乡视角研究了老年人口消费水平与消费结构的影响因素，从老年人口的个体特征、家庭支持与社会保障三个角度分别探讨老年人口消费的变动机制。相较以往关于老年人口消费水平的单一研究，本书扩展了对老年消费结构的剖析，具体、深入把握老年人口的消费特征，了解老年人口消费的影响机制，有助于完善关于老龄化与社会经济发展的相关研究，重新认识人口老龄化是经济社会发展与人类进步的产物。

第二，本书为积极老龄化政策框架的完善与补充提供了理论支撑。已有研究多认为老龄化程度加深对经济发展是一种负担，尤其是在"未富先老"的中国，老龄化更是消极的、负面的。但是我们还应当看到在社会进步和经济发展的过程中，人们对美好生活的需求也日益增长，不断提高生活质量的愿望会刺激消费。本书认为，老年人口增加、老龄化程度加深，并不一定会抑制消费内需；反之，正确认识老年人口消费特征，了解老年人口消费影响机制，构建政府、市场和个人三个层面的老年人口消费生态系统，有助于在老龄化背景下寻找老年人口消费拉动经济增长的机会窗口。本书从消费的角度探索积极老龄化的理论及应用，形成有关积极老龄化的理论支撑，有益于完善积极老龄化的政策框架。

三 研究思路与主要内容

（一）研究思路

本书旨在分析老龄化背景下，城乡老年人口消费变动规律及其不同的影响因素,探索老年人口消费增长机制,寻找新经济时期老年人口消费的发展之道,构建老年人口消费生态系统,使其成为经济转型期新的增长点,本书研究框架如图1-2所示。

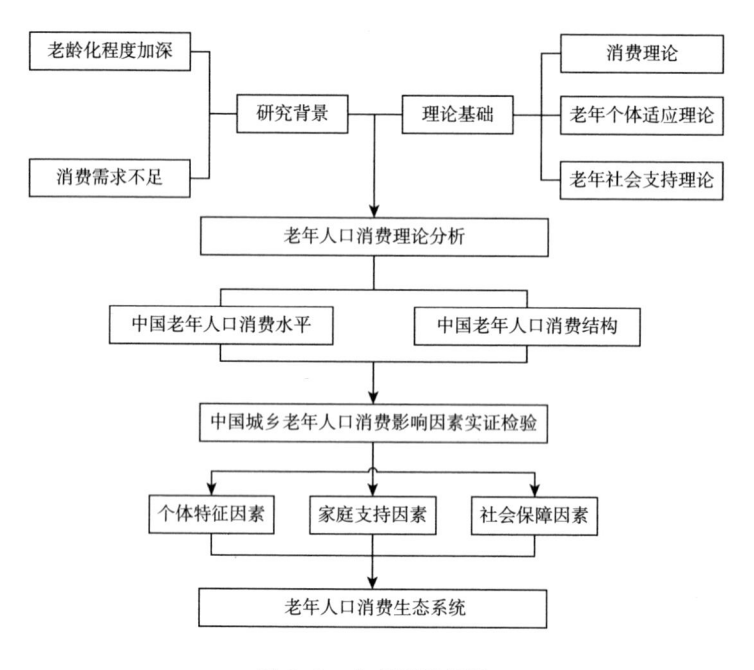

图 1-2 本书研究框架

(二) 主要内容

第一章为绪论,主要包括研究背景、研究意义以及主要的研究思路与框架,最后还介绍了研究使用的数据来源、研究方法以及本书的创新与不足。

第二章是老年消费研究的文献回顾与研究的理论基础。本书对近年来关于老龄化与消费、老年人口消费分析以及老年人口消费问题中的"退休-消费"之谜等方面的研究进行了梳理与评价。回顾了西方早期消费思想,以消费理论为主脉络梳理了消费函数理论的演变与发展，并从社会学角度对消费进行了解读。另外还从老年人个体适应理论和老年社会支持理论出发，梳理了老年人口研究的相关理论，有助于理解老年人的消费行为及特征。

第三章基于前文的研究形成了老年人口消费分析框架。首先对老年人口的年龄范围进行界定，结合中国老龄化的发展现状分析老年人口消费水平及消费结构，把握老年人口消费的总体特征，并对可能影响老年人口消费的个体特征、家庭支持与社会保障三个层面的各因素进行分析。

第四章从消费水平与消费结构两个角度考察城乡老年人口的消费特征，从人口特征角度对老年人口的消费水平与消费结构进行城乡对比分析，如年龄、教育程度等，力图对老年人口消费特征做全面、整体的判断。

第五章和第六章是对老年人口消费水平及消费结构影响因素的实证分析，从个体特征、家庭支持、社会保障三个层面对可能影响城乡老年人口总消费水平、基本需求型消费水平、自我实现型消费水平的因素分别进行实证研究，依次找出提高城乡老年人口消费水平的重要影响因素及综合影响因素。除此之外，本书还对消费研究中存在较大争议的"退休-消费"之谜进行探索分析。总的来说，本部分通过对比分析城乡老年人口消费水平的影响因素，得到需要扩大老年人口消费等结论。

第七章在得到需要扩大老年人口消费等结论的基础之上，建议构建主体多元化的老年人口消费生态系统，在促进老年人口消费发展的过程中，政府理应充分发挥主导作用，鼓励和支持社会各方面力量积极参与，推动消费市场活跃发展，带动老年消费者消费观念的转变，进而提升老年消费群体的消费水平。总的来说，就是以实现六个"老有"① 为发展战略目标，构建政府、市场与消费者多元主体参与、多层次合作共生的可持续发展的消费生态系统。

四 数据来源与研究方法

（一）数据来源

本书主要使用"中国健康与养老追踪调查"（China Health and Retirement Longitudinal Survey，以下简称 CHARLS）数据，该调查是由北京大学国家发展研究院主持、北京大学中国社会科学调查中心与北京大学团委共同执行的大型跨学科调查项目，调查收集了中国 45 岁及以上中老年人家庭和个人的微观数据，该数据是我国研究老龄化问题的高质量数据之一。CHARLS 的问卷设计借鉴了发达国家调查的设计经验，如美国、英国和欧洲等国家或地区的相关调查。为保证样本抽取的精确性，调查采用多阶段抽样方法，在县/区和村居抽样阶段严格采用 PPS 抽样方法。由于访问的应答率和数据质量在世界同类项目中位居前列，因此 CHARLS 数据在学术界得到了广泛应用和认可。本书使用 CHARLS 数据，对老年人口的消费水平和消费结构进行研究，分析老年人口消费水平及消费结构的影响因素，从而为扩大消费需求提供有益的对策视角。除此之外，本书还结合使用中国国家统计局历年发布的《中国统计年鉴》与《中国人口和就业统计年鉴》、联合国经济和社会事务部人口司发布的世界人口数据以及世界银行数据库中相

---

① 六个"老有"参见《中华人民共和国老年人权益保障法》，其规定国家和社会应当采取措施，健全保障老年人权益的各项制度，逐步改善保障老年人生活、健康、安全以及参与社会发展的条件，实现老有所养、老有所医、老有所教、老有所学、老有所为、老有所乐。

关的经济指标，将其应用于我国老龄化发展与消费水平现状的分析。

（二）研究方法

本书运用人口学、社会学、经济学等学科的理论知识来分析问题，主要采用文献研究法和比较研究法。通过检索大量文献，在综述过程中掌握相关领域重要观点及关键方法，进而解决研究中遇到的实际问题。在研究城乡老年人口消费时，使用比较研究法可以更加详细、深入地了解我国老年人口消费特征，比较两者消费水平的影响因素则有助于形成具有针对性的策略。本书以理论分析为基础，以实证分析为重点，贯穿使用统计分析方法，描述我国老龄化现状、城乡老年人口消费变动趋势，并使用计量经济学方法对中国的样本数据进行实证检验，研究城乡老年人口消费水平与消费结构的影响因素。本书最后一部分构建了老年人口消费生态系统的框架与发展思路，是基于实证研究结果的应用与实践。

五　创新与不足

（一）研究创新

本书对城乡老年人口消费问题做了详细的探讨与分析，研究在以下方面有所创新。首先，在老龄化背景下，老年人口消费作为未来消费的重要组成部分，影响居民消费结构，本书系统地描述和总结城乡老年人口的消费特征，针对不同特征的老年人口进行对比研究，探讨老年人口消费的城乡差异，将老年人口消费类型区分为基本需求型消费和自我实现型消费，全面具体把握老年人口的消费行为，形成对老年人口消费特征的准确判断，有助于研究与开发具有针对性的老年产品与服务。其次，综合考虑个体特征、家庭支持与社会保障等因素对城乡老年人口消费水平及消费结构产生的影响，并对其进行理论与实证分析，对比造成城乡差异的原因，得到统筹城乡发展是缩小老年人口消费城乡差距的重要途径等结论。最后，本书将六个"老有"作为发展战略目标，构建政府、市场与消费者多元主体参与、多层次合作共生的可持续发展的消费生态系统，结合研究中老年人口消费特征及其消费可能的增长点，提出针对性建议，为老龄化背景下扩大消费、推动经济增长提供有效动力。

（二）研究不足

本书结合经典消费理论、老年个体适应理论和老年社会支持理论，基于已有研究构建老年人口消费理论，力图从微观视角全面并准确把握老年人口消费行为及特征。本书尝试对不同群体特征的老年人口消费展开分析，然而老年人口消费议题异常复杂，关于老年人口消费的影响因素之间的逻辑关系有待深入分析。本书仅分析了老年人口的消费特征，而未对比分析全生命周期阶段人口消费特征变动，也未能分析较长时间内老年人口消费的变动规律。除此之外，本书尚未涉及全国范围内老年人口消费与收入关系等内容，本书将持续关注老年人口消费议题，以期呈现更多研究成果。研究中实证分析部分是基于 CHARLS 的结果进行分析的，尽管该调查为全国性高质量调查，但本书在研究过程中发现关于收入、消费等的调查难免有些许缺失与不合理之处，这也是其他调查都可能面临的问题，因此本书的研究结论可能存在一定的局限性，在后续研究中，本书将考虑实际调查一些老年人口的消费行为，加入个案分析，从中得到更多启示。

第二章　文献回顾与理论基础

第一节　相关文献回顾

一　老龄化与居民消费

早在先秦，人们就注意到人口与消费之间的关系，一般认为，人作为生产者，提供了生产要素，其数量的增长与消费资料增长是一致的。但两者也是矛盾的，人作为消费者，其数量增长与人均消费资料增长成反比，因此，在生产量一定或很少增长的情况下，人口迅速增加会造成平均消费水平下降、消费资料短缺、物价上涨、收入减少等。尽管历史上持这种观点的人并不多，但从今天来看它也是非常有意义的。老龄化是人口转变的必然趋势，按照一般观念，老年人口的增加意味着作为生产者的劳动力的减少，人口与消费之间的矛盾显现，因此许多研究关注了人口年龄结构的老化对居民消费产生的影响。Higgins 和 Williamson 将亚洲国家储蓄率上升和经济增长归结为人口年龄结构变动的结果。[1] 这种思想并非凭空产生，其在 Modigliani 和 Brumberg 的生命周期假说

---

[1] Higgins, M., Williamson, J. G., "Age Structure Dynamics in Asia and Dependence on Foreign Capital," *Population and Development Review*, 1997, 23 (2).

(Life Cycle Hypothesis) 中早有体现,他们认为,边际消费倾向在人口年龄结构不变的条件下是趋于稳定的,但是人口年龄结构发生变化,边际消费倾向也会随之变化[1]。也就是说,他们认为总消费会部分地依赖于人口的年龄分布,当社会处于较年轻的状态时,即年轻人占总人口的比重较大,则整个社会的消费倾向较高;如果社会向老龄化迈进,则消费倾向会降低。生命周期假说是消费函数理论的经典理论之一,生命周期假说的提出引起了学术界许多共鸣,生命周期假说视角下的消费研究不断涌现。其后的研究将该理论进行扩展和延伸,例如考虑不确定性、流动性约束[2]等,目的在于研究人口年龄结构与居民消费之间的相关关系。Leff、Weil、Demery 和 Duck、毛中根等、罗光强和谢卫卫、刘铠豪和刘渝琳等一系列的研究验证了人口年龄结构与居民消费存在显著相关性,发现少儿人口抚养比和老年人口抚养比分别会对居民消费行为产生正、负效应。[3][4][5][6][7][8] 同时,人口年龄结构的老化将导

---

[1] Modigliani, F., Brumberg, R., "Utility Analysis and the Consumption Function: An Interpretation of the Cross-Section Data," in *Post-Keynesiam Economics*, ed. Kurihara, K. K., Rutgers University Press, 1954.
[2] 万广华等:《流动性约束、不确定性与中国居民消费》,《经济研究》2001 年第 11 期。
[3] Leff, N. H., "Dependency Rates and Savings Rates," *American Economic Review*, 1969, 59 (5).
[4] Weil, D. N., "Population Growth, Dependency, and Consumption," *American Economic Review*, 1999, 89 (2).
[5] Demery, D., Duck, N. W., "Savings-Age Profiles in the UK," *Journal of Population Economics*, 2006, 19 (5).
[6] 毛中根等:《中国人口年龄结构与居民消费关系的比较分析》,《人口研究》2013 年第 3 期。
[7] 罗光强、谢卫卫:《中国人口抚养比与居民消费——基于生命周期理论》,《人口与经济》2013 年第 5 期。
[8] 刘铠豪、刘渝琳:《中国居民消费增长的理论机理与实证检验——来自人口结构变化的解释》,《劳动经济研究》2014 年第 2 期。

致社会储蓄的增加和边际消费倾向的递减。① Hock 和 Weil 的研究认为生育率（或出生率）的下降会提高消费，但从长期来看，较高老年抚养比会削弱由生育率下降带来的消费增长效应，消费水平的增长是两种作用相互角力的结果。② 毛中根等的研究认为人口年龄结构老化所引起的老年人口抚养比的提高是居民消费减少的一个重要原因，并且在进行城乡对比时，发现人口老龄化加深、老年人口抚养比的提高对减少城镇居民消费的作用是显著的，但对农村居民的影响不显著或较弱③，这与李春琦和张杰平的研究结果不同，即老年人口抚养比对农村居民消费具有显著负影响④。另外，Demery 和 Duck 认为居民的储蓄率更接近"驼峰状"（Hump Shape）。⑤ 整体来看，上述研究一致认为老龄化程度加深会导致消费需求减少。相反，有研究发现老年人口抚养比的提高对居民的人均消费需求影响是显著正相关的，即老龄化不是经济增长的负担，反而有助于消费需求增长，方福前的研究证实这种相关性在城镇与农村都显著存在。⑥ 而王宇鹏仅研究了老年人口抚养比对城镇居民平均消费倾向的正向影响。⑦ 这类实证研

---

① 宋保庆、林筱文：《人口年龄结构变动对城镇居民消费行为的影响》，《人口与经济》2010 年第 4 期。
② Hock, H., Weil, D. N., "On the Dynamics of the Age Structure, Dependency, and Consumption," *Journal of Population Economics*, 2012, 25 (3).
③ 毛中根等：《中国人口年龄结构与居民消费关系的比较分析》，《人口研究》2013 年第 3 期。
④ 李春琦、张杰平：《中国人口变动对农村居民消费的影响研究》，《中国人口科学》2009 年第 4 期。
⑤ Demery, D., Duck, N. W., "Savings-Age Profiles in the UK," *Journal of Population Economics*, 2006, 19 (5).
⑥ 方福前：《中国居民消费需求不足原因研究——基于中国城乡分省数据》，《中国社会科学》2009 年第 2 期。
⑦ 王宇鹏：《人口老龄化对中国城镇居民消费行为的影响研究》，《中国人口科学》2011 年第 1 期。

究较少，仅仅有一些理论推演认为老龄化对扩大消费需求提供了可能性。[1]

以上观点均认为老龄化会对居民消费产生积极或消极的影响，但是有些学者认为中国人口年龄结构变化并不是中国目前居民消费较低的原因，老龄化程度、老年人口抚养比变化对居民消费的影响并不显著[2][3][4][5]，甚至 Deaton、Wilson、Ramajo 等的研究都没能得出人口年龄结构与居民消费存在相关关系的结论[6][7][8]。

二 老年人口消费观念与消费特征

历史、文化和经济发展水平等因素共同决定了老年人口消费观念，进而影响着其消费行为。我国人民自古崇尚节俭，消费观念较为保守，这一点从古代"消费"一词的意思便可以体会，

---

[1] 杨晓奇：《人口老龄化对经济结构调整的影响》，《老龄科学研究》2014 年第 5 期。
[2] Kraay, A., "Household Saving in China," *World Bank Economic Review*, 2000, 14 (3).
[3] 袁志刚、宋铮：《人口年龄结构，养老保险制度与最优储蓄率》，《经济研究》2000 年第 11 期。
[4] Horioka, C. Y., Wan, J., "The Determinants of Household Saving in China: A Dynamic Panel Analysis of Provincial Data," *Journal of Money, Credit and Banking*, 2007, 39 (8).
[5] 李文星等：《中国人口年龄结构和居民消费：1989-2004》，《经济研究》2008 年第 7 期。
[6] Deaton, A. S., Paxson, C. H., "The Effect of Economic and Population Growth on National Saving and Inequality," *Demography*, 1997, 34 (1).
[7] Wilson, S. J., "The Savings Rate Debate: Does The Dependency Hypothesis Hold for Australia and Canada?" *Australian Economic History Review*, 2000, 40 (2).
[8] Ramajo, J., et al., "Explaining Aggregate Private Saving Behavior: New Evidence from a Panel of OECD Countries," *Applied Financial Economics Letters*, 2006, 12 (5).

消费一词至少在一千八百年前就被提出来①。最早消费是动词，相当于浪费。但一般来说，中国古人不常用这个词，而用"靡""养""养生""食""穿衣吃饭"等词代替。在中国古代消费思想中，有几大消费问题颇受关注，其中讲得最多、最久、最普遍和最深刻的问题是奢俭问题。在中国经济思想史的研究中，消费思想占有重要的地位。黜奢崇俭、贵义贱利和重农抑商被称为中国古代经济思想"三大教条"②，其中黜奢崇俭就是一种占统治地位的消费主张，可见人们对消费的重视以及一直以来所倡导的消费观念。在生产力较低的社会中，消费品有限，人们不可能进行平等的消费。纵观历史发展，反对奢侈、主张崇俭的消费思想长期占据主导地位，这是生产力水平有限导致的，消费更多是用来满足生理需求的，除此之外，自给自足的社会经济中没有大量的剩余产品，刺激消费便没有必要。古代社会，最主要的消费问题是温饱问题，孟子提出一般家庭"五十者可以衣帛矣""七十者可以食肉矣"的理想消费标准一直被沿用至今。同时，在古代尽管没有饥寒之虞的统治阶级同百姓的消费差距很大，他们的消费无外乎衣食充裕。过去人们通过发展生产、改善分配、限制流通等方式解决温饱问题，除温饱外的消费则受到抑制，也就带来了消费结构单调、消费方式陈旧的问题。

经历了物质匮乏时期，我国老年人口受传统消费思想的影响更为严重，老年人口的消费也具有消费结构单调、消费方式陈旧的问题。近年许多学者从微观视角研究了老年人口消费行为，进

---

① 据叶世昌教授考证，就目前史料最早提到"消费"二字的人是东汉的王符，他在《潜夫论·浮侈》中说奢侈品生产者"既不助长农工女，无益于世，而坐食嘉谷，消费白日"，详细资料参见平准学刊委员会编《平准学刊第三辑》（上册），中国商业出版社，1986。
② 欧阳卫民：《中国消费经济思想史》，中共中央党校出版社，1994。

一步验证老龄化与消费之间的关系，一些研究认为老年人口黜奢崇俭的消费观念以及其较低的收入水平和不稳定的收入来源决定了老年人口的消费水平一般低于劳动年龄人口的消费水平，其仅相当于劳动年龄人口消费水平的 50%～80%[1][2][3][4]。已有研究多认为老年人口的消费动机具有较强的稳定性和理智性[5][6]，其消费具有求实性和方便性[7]，如广州市老年人口的恩格尔系数仅处于温饱水平，且 1998～2008 年其物质水平略有下降[8]。徐丽萍等利用 2006 年中国城乡老年人口状况追踪调查的数据，发现经济水平较高地区的老年人口消费支出占家庭消费总支出的比重较小，而经济水平较低地区的老年人口消费支出占比则较高，说明老年人口的消费支出具有刚性的特点，当基本消费需求得到满足时，老年人口的消费支出就不会有太大变动。[9] 研究还一致认为，虽然城乡老年人口消费水平存在较大差异，但两者消费结构有很大一致性，即城镇与农村老年人口的消费结构均是以吃穿为主。除此之外，

---

[1] Stolnitz, G. J., "Demographic Causes and Economic Consequences of Population Aging: Europe and North America," *Economic Studies*, 1992, (3).
[2] 于学军：《中国人口老化的经济学研究》，《中国人口科学》1995 年第 6 期。
[3] 李建民：《老年人消费需求影响因素分析及我国老年人消费需求增长预测》，《人口与经济》2001 年第 5 期。
[4] 王金营、付秀彬：《考虑人口年龄结构变动的中国消费函数计量分析——兼论中国人口老龄化对消费的影响》，《人口研究》2006 年第 1 期。
[5] 冯丽云：《北京人口老龄化与老年消费行为研究》，《北京联合大学学报》（人文社会科学版）2004 年第 1 期。
[6] 乐昕：《我国老年消费数量的人群差异研究》，《人口学刊》2015 年第 5 期。
[7] 原新：《老年人消费需求与满足需求能力基本关系的判断》，《广东社会科学》2002 年第 3 期。
[8] 梁宏：《广州市老年人口的消费状况分析》，《南方人口》2009 年第 2 期。
[9] 徐丽萍等：《中国老年人生活成本和标准消费系数测算》，《人口与发展》2011 年第 3 期。

冯丽云认为老年人口还会进行补偿性消费①，因为老年人口有追忆往事的心理特征。

三 老年人口个体消费差异

（一） 年龄

老年人口消费的年龄效应备受学者关注，现有的文献大多数选择生命周期假说来研究消费行为，Modigliani 和 Brumberg 最先研究了个人生命周期中消费与收入之间的关系、年龄与居民消费安排的关系②。乐昕、徐丽萍等分析了全国老年人口消费水平，并一致认为低龄老年人口的消费支出较稳定，甚至会出现小幅降低③④，高龄老年人口的消费需求明显增加，老年人口的消费支出会随着年龄的增长而增加⑤。然而，不同学者得到的结果并不一致，有的甚至得到恰好相反的结论⑥，即老年人口消费的未来走势是年龄效应与代际更替效应共同作用的结果⑦。

---

① 冯丽云：《北京人口老龄化与老年消费行为研究》，《北京联合大学学报》（人文社会科学版）2004 年第 1 期。
② Modigliani, F., Brumberg, R., "Utility Analysis and the Consumption Function: An Interpretation of the Cross–Section Data," in *Post–Keynesiam Economics*, ed. Kurihara, K. K., Rutgers University Press, 1954.
③ 乐昕：《我国老年消费数量的人群差异研究》，《人口学刊》2015 年第 5 期。
④ 徐丽萍等：《中国老年人生活成本和标准消费系数测算》，《人口与发展》2011 年第 3 期。
⑤ Yogo, M., "Portfolio Choice in Retirement: Health Risk and the Demand for Annuities, Housing, and Risky Assets," *Journal of Monetary Economics*, 2016, (80).
⑥ 梁宏：《广州市老年人口的消费状况分析》，《南方人口》2009 年第 2 期。
⑦ 乐昕、彭希哲：《老年消费新认识及其公共政策思考》，《复旦学报》（社会科学版）2016 年第 2 期。

（二）退休

与老年人口消费的年龄效应一样，退休效应也成为研究热点。退休后，老年人口的生活环境发生了改变，退休后经济收入的减少或中断、工作权威的丧失、社会地位的失落、社会关系的疏离、社会活动的减少以及老年时光难以打发等退休前后的差异可能产生退休震荡（Retirement Shock）现象[1]，这种现象可能会对老年人的消费产生影响。例如，一些实证研究发现退休后的家庭消费支出出现了不同程度的下降，这个结论在英国、美国、意大利等地也得到了验证。[2] 显然，这与生命周期假说的结论是相违背的，老年人口并没有对其一生的收入和支出进行规划、分配，有的研究发现我国也存在"退休-消费"之谜[3][4][5]。因为退休后，与工作相关的支出和文化娱乐的支出减少，其表现为退休后消费支出的下降，剔除这类支出后的其他消费支出并没有因为退休而发生变化[6]，而杨赞等发现城镇老年人口在退休后，其家庭消费支出不降反升，即退休对消费具有提振作用[7]，李宏彬等、张彬斌和陆万军则认为受强制退休政策会约束居民，

---

[1] 徐立忠：《退休生涯规划》，《社会福利》（台湾）1998年第137期。
[2] 范叙春：《退休消费之谜：方法、证据与中国解释》，《南方人口》2015年第6期。
[3] 刘子兰、宋泽：《中国城市居民退休消费困境研究》，《中国人口科学》2013年第3期。
[4] 张克中、江求川：《老龄化、退休与消费——中国存在"退休-消费之谜"吗?》，《人口与经济》2013年第5期。
[5] 范叙春：《退休消费之谜：方法、证据与中国解释》，《南方人口》2015年第6期。
[6] 邹红、喻开志：《退休与城镇家庭消费：基于断点回归设计的经验证据》，《经济研究》2015年第1期。
[7] 杨赞等：《中国城镇老年家庭的消费行为特征研究》，《统计研究》2013年第12期。

其生活水平在退休后并没有实质性下降①②。但是研究"退休-消费"之谜也要考虑退休年龄的变化,因为退休年龄可能会对储蓄率产生负效应,也就是说退休年龄的提高会降低储蓄率③④⑤,尽管这种影响不大,但对消费的退休效应研究具有重要启示意义。

(三) 收入

从凯恩斯消费函数理论开始,收入便是研究居民消费水平的重要影响因素,Horioka 和 Wan 在对中国 1995~2004 年家庭调查数据进行分析时发现收入增长率显著影响我国消费率⑥。国内学者从 20 世纪末期开始进行预防性储蓄理论的研究,宋铮、龙志和与周浩明、孙凤的研究认为中国居民的储蓄存在预防性储蓄动机,也就是说,收入的不确定性会抑制居民消费水平的增长⑦⑧⑨⑩。毋庸

---

① 李宏彬等:《中国居民退休前后的消费行为研究》,《经济学(季刊)》2015 年第 1 期。
② 张彬斌、陆万军:《中国家庭存在退休者消费之谜吗?——基于 CHARLS 数据的实证检验》,《劳动经济研究》2014 年第 4 期。
③ 贺菊煌:《消费函数分析》,社会科学文献出版社,2000。
④ 贺菊煌:《个人生命分为三期的世代交叠模型》,《数量经济技术经济研究》2002 年第 4 期。
⑤ 贺菊煌:《人口变动对经济的影响》,《人口与经济》2004 年第 2 期。
⑥ Horioka, C. Y., Wan, J., "The Determinants of Household Saving in China: A Dynamic Panel Analysis of Provincial Data," *Journal of Money, Credit and Banking*, 2007, 39 (8).
⑦ 宋铮:《中国居民储蓄行为研究》,《金融研究》1999 年第 6 期。
⑧ 龙志和、周浩明:《中国城镇居民预防性储蓄实证研究》,《经济研究》2000 年第 11 期。
⑨ 孙凤:《预防性储蓄理论与中国居民消费行为》,《南开经济研究》2001 年第 1 期。
⑩ 孙凤:《中国居民的不确定性分析》,《南开经济研究》2002 年第 2 期。

置疑，收入对老年人口消费水平会产生正向影响[①②]，然而，不确定性对处于生命周期晚期的老年人口的影响较小，老年人口的消费主要基于现期收入[③]。冯丽云认为老年人口消费动机形成的经济基础比较雄厚，该观点具有一定的权威性。[④] 周环和瞿佳颖对此持有相似观点，他们认为老年人口的消费支出有限，而其较高水平的收入对老年人口消费不存在制约作用，因此他们认为凯恩斯理论并不适合研究老年人口的消费。[⑤]

（四）教育与职业

已有研究一致认为受教育程度高的城镇老年人口消费水平更高[⑥⑦]，教育对老年人口消费的影响与之类似，有研究发现老年教育对消费具有拉动作用[⑧]，与其他因素相比，教育对消费的影响最大[⑨]，需要注意的是，职业的不同很大程度上源于教育水平的差异。老年人口的收入会因其从事的职业不同而产生较大差异，且工作环境会影响老年人口的消费观念。社会分层显著影响着老年

---

① 马芒、张航空：《城市老年人消费水平影响因素分析——以上海为例》，《人口与发展》2011 年第 6 期。
② 杨庆芳、张航空：《老年人个人消费和家庭消费及其影响因素——以北京海淀为例》，《西北人口》2014 年第 2 期。
③ 李建民：《老年人消费需求影响因素分析及我国老年人消费需求增长预测》，《人口与经济》2001 年第 5 期。
④ 冯丽云：《北京人口老龄化与老年消费行为研究》，《北京联合大学学报》（人文社会科学版）2004 年第 1 期。
⑤ 周环、瞿佳颖：《从西方消费理论看我国老年市场需求不足的原因及启示》，《世界经济情况》2005 年第 21 期。
⑥ 马芒、张航空：《城市老年人消费水平影响因素分析——以上海为例》，《人口与发展》2011 年第 6 期。
⑦ 王菲：《我国城市老年人消费行为的实证研究》，《人口与发展》2015 年第 3 期。
⑧ 岑咏霆、金德琅：《老年教育拉动消费比重指数及经济保障效率指数研究》，《数学的实践与认识》2014 年第 5 期。
⑨ 乐昕：《我国老年消费数量的人群差异研究》，《人口学刊》2015 年第 5 期。

人口的消费分层①。作为封建制度的重要组成部分，等级制决定了不同等级的人的消费标准也不同。中国古代思想家普遍提倡按等级消费，它反映了封建消费关系的本质和阶级属性。另外，人口的职业构成与消费是矛盾的，即有些人不从事农业，不生产衣食之财，却同样吃饭穿衣，他们的规模太大，必然导致基本生活资料的紧张。这一点是古人的共识，也是农业劳动生产率低或者农业生产力水平落后的表现。中国古代思想家既看到人口与消费的统一性，又看到其矛盾性，因此最普遍的主张是鼓励人口增加并减少非农业人口，尤其是中间的工商游民，以此相对扩充农业人口，解决温饱，免去饥寒。有一些思想家看到奢侈有积极作用的一面。富人的奢侈可以为穷人增加谋生手段，在商品经济的条件下更是如此。适当的奢侈还能起激励作用，提高人们生产、工作的积极性。② 在等级关系较弱的工作环境中，老年人口消费更主要依赖于收入、教育等其他个体特征。

（五）其他因素

不同学者对不同婚姻状态老年人口的消费水平进行的研究得到的结果并不一致，甚至得到恰好相反的结论。马芒和张航空认为在婚的老年人口比不在婚的老年人口消费水平高③，而乐昕则发现因为在婚有同住老伴的老年人口有更强的生活互助能力，因此独居的老年人口消费水平更高④，除此之外，梁宏研究发现有配偶

---

① 梁宏：《广州市老年人口的消费状况分析》，《南方人口》2009 年第 2 期。
② 欧阳卫民：《中国消费经济思想史》，中共中央党校出版社，1994。
③ 马芒、张航空：《城市老年人消费水平影响因素分析——以上海为例》，《人口与发展》2011 年第 6 期。
④ 乐昕：《我国老年消费数量的人群差异研究——以 2011 年 CHARLS 全国极限调查数据为例》，《人口学刊》2015 年第 5 期。

的老年人口的恩格尔系数高于没有配偶的老年人口,并由此推测没有配偶老年人口的物质生活水平可能较高[①]。

老年人口在闲暇时间会选择安排旅游或进行体育活动。21 世纪以来,银发旅游成为我国旅游业的新增长点,对于中国老年人口来说,旅游可以减少其闲暇时间的寂寞情绪,作为退休生活中的一种精神慰藉,还可以开阔眼界、陶冶个人情操[②]。冯丽云在研究老年人口购物的陪伴方式时发现,老年人口多选择与老伴或同龄人一道出门购物[③],类似的,老年人口在旅游时也会选择结伴而行,并且会提出舒适、安全等服务要求。因此,满足高标准的老年人口旅游服务需求也是实现推动老年人口消费的重要途径。孟梅等研究了河北省城镇老年人口的体育消费状况,研究发现总体上老年人口能够认可体育消费,能够理性认识体育健身的价值取向,并且呈现多元化的体育消费动机。[④] 但是受经济收入、消费观念、体育设施和健身场地等因素的影响,老年人口的体育消费水平仍不高,以实物型体育消费品为主。[⑤]

四 老年人医疗卫生消费与社会保障

健康水平对老年人口的消费具有显著影响[⑥],老年人口面临的

[①] 梁宏:《广州市老年人口的消费状况分析》,《南方人口》2009 年第 2 期。
[②] 时应峰:《关于我国银发旅游消费市场的研究》,《山东工商学院学报》2007 年第 4 期。
[③] 冯丽云:《北京人口老龄化与老年消费行为研究》,《北京联合大学学报》(人文社会科学版)2004 年第 1 期。
[④] 孟梅等:《河北省中型城市老年人体育消费的现状调查及对策分析》,《商场现代化》2008 年第 12 期。
[⑤] 梁思雨等:《老龄化背景下城镇老年人体育消费研究述评》,《体育科学研究》2013 年第 2 期。
[⑥] 樊颖等:《中国城镇老年消费特征及财富效应的微观实证研究》,《消费经济》2015 年第 3 期。

一系列生理变化导致其他需求下降，而在健康保健、生活服务方面的需求大大增加[1][2]。随着老年人口的增加和其寿命的延长，因疾病、伤残、衰老而失去生活能力的老年人口数量显著增加，杜乐勋等在计算经济合作与发展组织（Organization for Economic Co-operation and Development）国家的卫生总费用时，认为老年人口的医疗卫生费用权重成倍增长，65岁及以上老年人口的人均医疗卫生费用大约是65岁以下老年人口的2~8倍[3]。方福前研究发现医疗卫生费用的提高对城镇与农村老年人口的人均消费支出的影响不同，医疗卫生费用提高会显著提高农村老年人口的人均消费水平，但对城镇老年人口的影响不确定，他认为这是农村老年人口收入水平较低造成的。[4] 医疗价格提高，农村居民会增加其他方面的消费来取代医疗卫生消费，如增加食品开支，注重饮食营养以保持身体健康，减少生病。随着身体感觉和功能发生退行性变化，老年人的消费需求也逐渐集中到他们最需要、最感兴趣的商品上[5]。

沉重的医疗压力会挤压医疗以外的消费支出[6]，医疗保险的存在则会缓解这种压力，而我国医疗卫生体制改革与医疗保障制度改革不配套等问题使得我国医疗保障制度的局限性也逐渐凸显[7]。

---

[1] 李建民：《老年人消费需求影响因素分析及我国老年人消费需求增长预测》，《人口与经济》2001年第5期。

[2] 原新：《老年人消费需求与满足需求能力基本关系的判断》，《广东社会科学》2002年第3期。

[3] 杜乐勋等：《中国卫生总费用——计量经济学分析与预测》，《中国卫生经济》2000年第3期。

[4] 方福前：《中国居民消费需求不足原因研究——基于中国城乡分省数据》，《中国社会科学》2009年第4期。

[5] 冯丽云：《北京人口老龄化与老年消费行为研究》，《北京联合大学学报》（人文社会科学版）2004年第1期。

[6] 杨赞等：《中国城镇老年家庭的消费行为特征研究》，《统计研究》2013年第12期。

[7] 刘岁丰等：《我国老龄化与老年医疗保障》，《医学与哲学》2006年第1期。

养老保险对消费的影响与医疗保险类似，养老保险本身对扩大消费是有益的，但养老保险的缴纳会因收入水平的降低而对消费产生负向作用。然而，多数研究得到了社会保障会促进居民消费的结论[1][2][3][4]，作为社会保障的直接受益人，老年人口消费水平在很大程度上受社会保障水平的影响，但研究发现社会保障会"挤出"代际经济支持[5]，在多重因素交织作用下，城乡老年人口会形成不同的消费行为。

五　研究评述

已有研究不乏关于人口年龄结构老化与居民消费之间关系的分析和判断，在老龄化背景下，消费内需的扩大显然被赋予了新的特征及研究意义。不可否认的是，以上研究在老年人口的消费问题上都做出了重要贡献。然而，从微观角度对老年人口消费特征的研究并不多，大多研究倾向于认为老年人口的消费观念是节俭求实的，并将研究目光更多放在老年人口在医疗卫生方面的开支上，基于这种认知，形成了老龄化是消极的、负面的主流观点。近年有研究逐步改变有关老龄化的消极认知，从微观分析认为老年人口并不一定是消费水平低下的。目前既有研究有关老年人口消费水平及个体差异等议题尚未形成一致的结论，且多数研究浅

---

[1] 杨河清、陈汪茫：《中国养老保险支出对消费的乘数效应研究：以城镇居民面板数据为例》，《社会保障研究》2010年第3期。
[2] 刘远风：《新农保扩大内需的实证分析》，《中国人口·资源与环境》2012年第2期。
[3] 岳爱等：《新型农村社会养老保险对家庭日常费用支出的影响》，《管理世界》2013年第8期。
[4] 贺立龙、姜召花：《新农保的消费增进效应——基于CHARLS数据的分析》，《人口与经济》2015年第1期。
[5] 刘西国：《社会保障会"挤出"代际经济支持吗？——基于动机视角》，《人口与经济》2015年第3期。

尝辄止，居民消费水平的影响因素是否对老年人的消费产生同样影响未被剖析透彻，因此学者也未能提出扩大老年人口消费的针对性对策建议。不仅如此，既有研究更乏对城镇和农村老年人口消费的准确统一的判定，例如有的研究只针对城镇或农村一个地区的老年人口消费行为，有的研究甚至并未考虑城乡二元结构。在新型城镇化背景下，需要对城镇和农村老年人口消费行为定位准确，客观认识老年人口的消费能力，进而有针对性地采取措施挖掘城镇和农村老年人口的消费潜力，统筹城乡管理，释放内需潜力和消费动能。

第二节 理论基础

一 消费理论

（一）西方早期消费思想

弗朗斯瓦·魁奈（Francois Quesnay）和亚当·斯密（Adam Smith）是西方早期消费思想的奠基人。魁奈十分重视人口和消费的关系，他认为人的需求产生了消费，消费在再生产过程中扮演了重要角色。他区分了消费资料与生产资料，认为两者共同构成财富，财富为人口增长提供了必要条件，但是他并没有一味推崇过度消费。[①] 魁奈关于消费的这一点认识对今天的消费研究都是具有重要意义的。[②]

斯密的研究则主要强调了资本主义积累对经济增长的重要性。

---

① 〔法〕魁奈：《魁奈经济著作选集》，吴斐丹、张草纫选译，商务印书馆，1997。
② 许永兵：《中国居民消费率研究》，中国社会科学出版社，2013。

资本的增加来源于储蓄的增加，因此，要增加资本也只有靠储蓄的增加，所以，他特别强调节俭对储蓄的重要作用。斯密的观点对后来者影响很大，正如熊彼特在为《国富论》所写的"读者指南"中指出的，斯密特别强调储蓄是物质资本的真正创造者。斯密认为，消费是生产的唯一目的。其后的经济学家，例如李嘉图、萨伊、穆勒、西斯蒙第、麦克库洛赫等都有相同的观点，但其表述稍有不同，穆勒指出一切生产活动都是以需求为主导的，萨伊和李嘉图则认为商品的生产会自动创造需求，从而形成"萨伊定律"（Say's Law）中"供给创造需求"的思想。

新古典主义经济学家阿尔弗雷德·马歇尔（Alfred Marshall）的思想也受斯密的影响，他认为消费是促使生产者为市场生产并提供产品的动力所在，而不是依附于生产的附属品，它能为市场发展提供动力。他将心理学中的一些概念引入了经济学范畴，提出了著名的边际效用递减理论。理性的消费者会把有限的收入合理地分配到各种消费品的购买上，以获得最大的利益。但是由于边际效用递减，消费者从消费中获得的总效用将随着商品数量的增加而先增后减。不过，这里的效用只包括人们的主观感受，它在很大程度上受到消费者本人偏好的影响。虽然马歇尔曾指出，人的行动是为了追求较高的社会性目标，需求在很大程度上取决于文化、经济和社会形态，但他只是简单地将偏好归于心理学范畴。在这个意义上，效用和偏好作为边际理论中的重要概念，其本身并没有被充分论述，因而边际理论也常常因为这一点而受到质疑。

卡尔·马克思（Karl Marx）认为资本主义社会所追求的是剩余价值而不是消费，之所以追求剩余价值是因为他们要用剩余价值来增值、发财致富。古典经济学中的消费思想在马克思这里得到了总结和拔高，尽管他没有专门、深入地就消费问题做阐述，但是从《詹姆斯·穆勒〈政治经济学原理〉一书摘要》中对古典经济家的批判，到《资本论》中有关生产、交换、分配和消费关系的阐述，马克思在其多个成果中表达了有关消费内在逻辑的思想。他对基本消费及必要消费进行论证，认为人的基本消费是满足自身生存的物质需求的消费，是人生存的根本前置条件。[①] 他批判资本主义剥削无产阶级的必要消费去实现自身的奢侈型消费，从而揭示资本主义内在本质。马克思对消费的认识是超越了一般经济学对消费的认识，可以说，马克思的消费思想是对传统理论的继承与批判，马克思有关生产与消费的整体性的认识为以后的研究奠定了理论基础。

（二）绝对收入假说

约翰·梅纳德·凯恩斯（John Maynard Keynes）的绝对收入假说开创了消费函数理论的先河，奠定了消费函数理论发展的基础。《就业、利息和货币通论》（*The General Theory of Employment Interest and Money*）的出版在当时对传统经济学来说是革命性的挑战，书中他以如何解决就业问题为研究重心展开论证，从而提出消费理论。凯恩斯认为总消费取决于总收入，消费会随着收入的增长而增长，但两者的增长幅度不同，前者小于后者。除收入外，凯恩斯也列出了决定消费支出的主观因素和社会因素，个人选择储蓄而不是消费的动机包括以下几点。第一，为了可以预见的费用而准备储蓄金的谨慎动机。第二，为了改变收入和需要关系的远虑动机，如养老、家庭成员的教育或抚养无自立能力的人。第三，为了获得利息和财产增值的筹划动机，人们认为未来较大支出的

---

① 申家字：《马克思消费理论的形成逻辑与启示》，《学习与探索》2016年第8期。

消费是优于现在较小支出的消费。第四，为了增加生活开支的改善动机，因为人们普遍拥有希望生活水平逐渐得到提高而不是下降的本能。第五，为了生活独立或事业成功的独立动机，这种动机并不一定有明确的想法或意图。第六，为了进行投机或商业经营而积累本金的动机。第七，为了能留下遗产的骄傲动机。第八，为了满足"守财奴"欲望的贪婪动机。另外，中央和地方政府、社会组织和企业公司进行储蓄的动机大致有以下几点。第一，进取动机，取得资源以进行更多的资本投资且不承担债务或在市场上融资。第二，流动性动机，取得流动性资产以应付紧急事项、困难情况和经济萧条等。第三，改善动机，取得逐年增加的收入从而使管理者免受批评，但较难去区分积累带来的收入与效率带来的收入。第四，财务上的谨慎动机以及处于"正确地位"的迫切愿望，以便在资本设备被损耗殆尽之前清偿债务和收回成本，这一动机的强度主要取决于资本设备的数量和特点以及技术变革的速度。影响消费者观念的社会因素往往需要漫长的过程才能发挥作用，加之其他因素又不足以起到决定性作用，因此凯恩斯认为消费由消费者的收入决定，而非其他因素。但是凯恩斯的绝对收入假说也有很多局限性，例如它仅考虑了收入对消费带来的影响，还局限于现期收入与消费的关系，凯恩斯消费函数理论还忽略了人们的微观经济行为，导致这一宏观经济理论犹如空中楼阁，缺乏必要的微观基础。[①]

（三）相对收入假说

美国经济学家詹姆斯·杜森贝里（James S. Duesenberry）在

[①] 尹清非：《近20年来消费函数理论的新发展》，《湘潭大学学报》（哲学社会科学版）2004年第1期。

《收入、储蓄和消费行为理论》（*Income, Saving and the Theory of Consumer Behavior*）中反对了凯恩斯关于收入与就业的分析，他批判了凯恩斯的消费函数理论并重构了储蓄理论。他认为凯恩斯的假设存在严重缺陷且过于简单化，以往研究并没有意识到习惯的重要性，也没有考虑到与个人或家庭存在密切联系的人对更好产品的消费将在多大程度上影响其消费水平，这种消费支出的变化并不是由收入或价格的变化带来的。杜森贝里将这种大规模的社会影响称为示范效应（Demonstration Effect），并将其看作是独立于价格和收入存在的一种消费行为影响机制，他还提出相互依赖的偏好系统会显著强化这种示范效应，从而促进人们产生对优越的普遍性欲望，同时他指出个体效仿他人消费行为的目的在于维持或提升社会地位和威望。众所周知，有些社会群体的威望是通过购买一些不能满足任何需求、毫无用处的产品而获得的，尽管它们毫无用处，但对社会威望的获得或自尊的满足具有重要意义，人们可能会费尽心思地去获取那些毫无用处的产品。[①] 个体或家庭的消费行为具有不可逆的棘轮效应（Ratchet Effect），消费水平并不会轻易降低，消费水平会随着收入水平的提高而提高，但不会因为收入水平的降低而出现明显的降低，这是示范效应和棘轮效应共同影响产生的结果，由此我们可以推断消费水平的提高可以通过增加收入来实现[②]。

简单来说，杜森贝里的相对收入假说认为消费者是根据过去的消费习惯和周围其他人的消费行为来决定自己的消费水平，他认为决定将收入用于消费还是储蓄取决于消费者的相对收入，这

[①] Duesenberry, J. S., *Income, Saving and the Theory of Consumer Behavior*, Harvard University Press, 1949.
[②] 曾广福：《西方消费理论述评》，《学术界》2006年第4期。

是一种后顾的、攀附的消费行为①。Kenneth Arrow 认为，杜森贝里尽力对消费这种经济行为的社会意义做合理认定，并因为将经济理论与消费者的心理动机和学习过程更为直接地联系起来而备受赞誉。可以肯定的是，当今的消费群体只会越来越沉迷于地位、身份、品位，他们认同消费偏好是共生的，效用只是消费支出的一部分而不是全部②，他的理论对理解当时的经济行为具有重要意义。总的来说，杜森贝里的相对收入假说和凯恩斯的绝对收入假说都研究了确定条件下的消费函数，他们主要考虑了即期收入对消费水平的影响，是对静态消费的研究。

（四）持久收入假说

美国经济学家米尔顿·弗里德曼（Milton Friedman）在《消费函数理论》(*A Theory of the Consumption Function*) 一书中提出了持久收入假说，用以批判凯恩斯经济理论中的边际消费递减规律。弗里德曼认为消费者会考虑自身很长一段时间内的收入水平，从而决定消费水平，但他认为即期收入对消费的影响会越大，而远期收入的影响会较小。因此，就弗里德曼的持久收入假说对制定宏观政策的意义来说，能够左右居民收入预期的政策才会对居民消费水平产生实质性的影响。在持久收入假说中，消费者行为被认为是前瞻的，消费者均衡是跨时的。从持久收入假说理论开始，消费函数理论开始了在不确定性条件下的研究，即从即期决策推进到了跨期决策，从而奠定了合理的微观基础。③

---

① 黄卫挺：《中国消费函数的研究方法探讨》，《经济学动态》2011 年第 11 期。
② Mason, R., "The Social Significance of Consumption: James Duesenberry's Contribution to Consumer Theory," *Journal of Economic Issues*, Association for Evolutionary Economics, 2000, 34 (3).
③ 王学军：《现代消费行为理论研究述评》，《兰州学刊》2010 年第 9 期。

（五）生命周期假说

生命周期假说（Life Cycle Hypothesis，LCH）最早由 Modigliani 和 Brumberg 提出，研究了个人生命周期中收入与储蓄安排。[1] 生命周期假说认为消费者一生的收入才是消费的决定性影响因素，因为理性的消费者会根据自己一生的收入水平安排消费或储蓄，从而达到效用最大化的目的。生命周期假说理论还提到了完善的社会保障会促进消费。行为经济学的发展也为生命周期消费函数理论提供了更多视角，例如 Thaler 和 Shefrin 的研究则从社会心理学的角度，提出了行为生命周期假说[2]，试图修正和扩展传统的生命周期假说。

然而，人们并不会像生命周期假说预期的那样会一直考虑收入和消费的情况，且收入可能会不可预期地增加或减少，Leland 发现这种不确定性致使消费者会选择增加储蓄来预防风险。随后，Hall 把不确定性引入消费函数并提出随机游走假说[3]，Carroll 则对不确定性继续进行研究和讨论[4]，预防性储蓄假说[5]、流动性约束

---

[1] Modigliani, F., Brumberg, R., "Utility Analysis and the Consumption Function: An Interpretation of the Cross-Section Data," in *Post-Keynesiam Economics*, ed. Kurihara, K. K., Rutgers University Press, 1954.

[2] Thaler, R. H., Shefrin, H. M., "An Economic Theory of Self-Control," *Journal of Political Economy*, 1981, 89 (2).

[3] Hall, R. E., "Stochastic Implications of the Life Cycle-Permanent Income Hypothesis: Theory and Evidence," *Journal of Political Economy*, 1978, 86 (6).

[4] Carroll, C. D., "Buffer-Stock Saving and the Life Cycle Permanent Income Hypothesis," *The Quarterly Journal of Economics*, 1997, 112 (1).

[5] Caballero, R. J., "Consumption Puzzles and Precautionary Saving," *Journal of Monetary Economics*, 1990, 25 (1).

假说①②以及缓冲存货储蓄假说③等被陆续提出，这一系列的研究日益完善了西方消费函数理论。

（六）西方消费函数理论的述评

纵观现代西方消费函数理论研究的发展，我们不难发现这些消费函数理论的假设条件逐步从宽松变得严苛。每个理论都是在特定历史背景下产生的，随后经过发展与演化最终形成完整的理论。从最初只考虑即期收入的凯恩斯消费函数理论，扩展到考虑他人收入以及整个生命周期收入的消费函数理论，接着将消费者行为约束条件纳入其中，以消费者效用最大化为目的，对消费者的消费行为进行具体和准确的刻画，随着消费函数理论的发展，消费理论也逐渐变得完善。然而不难发现，诸如此类的消费函数理论研究都将重心放在了消费者面临的经济环境上，消费者的跨期收入、储蓄动机以及市场条件、经济政策环境等微观、宏观因素均可能影响消费行为，但是消费者的个人特征并未被纳入消费函数理论，这不得不说是消费函数理论发展中的一个遗憾。除此之外，不同消费群体的消费特征也被整个消费群体的消费特征所掩盖。回顾西方消费理论的演变脉络，对研究思路进行梳理，可以为研究我国城乡老年人口消费行为奠定坚实的理论基础。

（七）消费的社会学解读

托尔斯坦·凡勃伦（Thorstein B. Veblen）是著名的社会学家和

---

① Zeldes, S. P., "Consumption and Liquidity Constraints: An Empirical Investigation," *Journal of Political Economy*, 1989, 97 (2).
② Jappelli, T, Pagano, M., "Saving, Growth, and Liquidity Constraints," *The Quarterly Journal of Economics*, 1994, 109 (1).
③ Deaton, A., "Saving and Liquidity Constraints," *Econometrical*, 1991, 59 (5).

经济学家，同时也是美国资产阶级特别是 19 世纪末期资产阶级的评论家。经济学者把凡勃伦奉为消费制度学的创始人。在 1899 年出版的《有闲阶级论》(The Theory of the Leisure Class) 一书中，凡勃伦认为制度才是经济学的研究对象。他在书中说，在金钱上占优势的阶级从显示自己优越和荣誉的心理出发，对财产进行浪费性消费。处于有闲阶级最底层的穷绅士可以享受"代理休闲"，即通过为富人服务而间接享受到休闲的乐趣。有闲阶级的女人、孩子连同仆人们一起参与"代理消费"，这是"炫耀性消费"的核心，即使"代理消费"成本增加，"炫耀性消费"的习惯也不曾被放弃。有闲阶级总是会争取更高的消费标准，这不是为了满足其物质生活所需，而是在于满足竞赛心理和歧视性对比的要求，目的不过是要在荣誉方面拥有高人一等的生活习惯。[1] 同时，城镇化、人口流动和社交场所多样化的三大特征使得原本固定的社会阶层界限变得模糊，这样一来，消费行为成为人们融入社会的一种途径。消费问题是理解当今工业化、城镇化和流动性社会中各个阶层特征的关键点，而流动性更是理解现代社会中"炫耀性消费"的一把钥匙，上述观点至今仍有借鉴意义，凡勃伦也因此一举成名，他试图借此告诉大家，不同人群的消费差异机制可以追溯到蒙昧时代。[2] 法国哲学家兼社会学家埃德蒙·戈布罗（Edmond Goblot）十分推崇凡勃伦的理论，他认为是社会分化阻隔了各个阶层之间的流通。

莫里斯·哈布瓦赫（Maurice Halbwachs）也极力推崇凡勃伦的观点，认为富人首先希望通过吃、穿、住来向世人证明他们不

---

[1] 〔美〕凡勃伦:《有闲阶级论——关于制度的经济研究》，蔡受百译，商务印书馆，1964。
[2] 〔法〕多米尼克·戴泽:《消费》，邓芸译，商务印书馆，2015。

用工作还可以享受休闲时光。受其老师法国宏观社会学家涂尔干的影响，哈布瓦赫认为消费不仅是一种生理、卫生、心理和经济现象，更是一种社会现象。他最大的贡献在于引入"社会倾向"这一关键概念，他以宏观社会为观察尺度来理解消费，也就是说，部分的消费行为会受到年龄、性别、社会职业类别、收入、学历等社会归属特征的影响。同时，哈布瓦赫提出了一个具有现代特色的观点，即消费是社会容纳或排斥的手段，被消费排斥就是被社会排斥，比如现在说的超负债消费；反之，刺激消费可以增加社会凝聚力。英国人类学家玛丽·道格拉斯（Mary Douglas）在1979年与巴伦·伊舍伍德（Baron Isherwood）合著的《商品世界》（*The World of Goods*）一书中也再次强调了这一观点。

亨利·列斐伏尔（Henri Lefebvre）是20世纪法国马克思主义哲学家和社会学家，在他关于日常生活批判的思想中，表达了对消费问题的一些重要观点，他认为日常生活不同于前现代社会的日常生活，现在的日常生活变得单调、不再丰富且缺少了自己的风格，造成这种后果的一个重要原因是消费被商品广告和宣传控制。过去，为了满足人的基本需要而存在的消费变成由符号构成的虚幻假象，当消费被赋予更多社会意义，人们便借助消费来实现展示自己地位的目的。尤其在物质丰盈的现代社会，商品的符号价值取代了其使用价值，进而促进了社会阶层的形成，扩大了社会差异，列斐伏尔认为这是"消费被控制的官僚社会"。1947年由他发起的从日常生活分析消费问题的研究至今仍是屈指可数的用微观社会学方法分析消费的研究。基于此，居伊·德波（Guy Debord）在《景观社会》（*Society of the Spectacle*）中提到商品花哨的外在景观是超越了其本身使用价值的存在，他将资本主义社会形容为"以景观控制为显性社会结构的消费社会"，他假设景观就是罪魁祸首，在这个社会，人们完全被景观所操控，而放弃了自己真实的存在和意义。[①]

让·鲍德里亚（Jean Baudrillard）发展了哈布瓦赫提出的通过物品来分析消费的理论，并将其两位老师——列斐伏尔和德波所描述的社会生活中主导性消费现象通俗而夸张地表达出来。鲍德里亚在《物体系》（*The System of Objects*）中洞悉了现代资本主义社会正在悄然迈向"消费王国"的动向，认为"符号的系统化操控活动"使得消费优先于生产和积累而存在，本质上人们被广告绑架，消费的对象是广告的意义。[②] 在《消费社会》（*The Consumer Society*）一书中，他提出了符号消费理论，断言当代资本主义社会已经由传统生产社会转变为消费主导的社会，我们处在消费控制整个生活的境地。消费作为一种具有道德约束的价值体系，教导人们共同遵循一套规则，从而形成一体化的意识形态。他强调，当代社会中的物品已经脱离了其本身明确的功能，而演变为一种社会的和系统的逻辑，借助这种逻辑，物质摇身变成瞬息万变的概念范畴，消费则成为人们争相追捧的社会行为。鲍德里亚认为物质极大丰盛了消费社会，消费社会的特点就是在空洞且大量地了解符号的基础上否定真相，而这种消费最常发生的地点就是日常生活，人们通过消费的方式与风格来表现自己的与众不同、独树一帜，从炫耀到审慎、从过分炫耀到高雅出众、从金钱到文化，让自己绝对维系特权。尤其是借助大众传媒的传播，消费社会如恶魔组织般对我们每个人的世界都构成威胁。[③] 一直到20世纪末期，鲍德里亚倡导的这种批

---

① 张一兵：《景观意识形态及其颠覆——德波〈景观社会〉的文本学解读》，《学海》2005年第5期。
② 张一兵：《青年鲍德里亚与他的〈物体系〉》，《学术论坛》2008年第11期。
③ 〔法〕让·鲍德里亚：《消费社会》，刘成富、全志钢译，南京大学出版社，2014。

判法在众多研究消费的方法中都占据主导地位。

从社会学角度分析，消费是一个具有双重意义的社会现象，它会根据研究者选择的角度不同而显示多种特征。在消费生活中，女性处于中心地位，社会阶层的差异在此得以充分体现。代表不同文化的社会群体悄然推动着消费的发展，一代人与一代人之间的界限变得模糊。消费品多种多样，功能齐全，集实用、身份象征、趣味、纪念意义、美感和宗教意义于一身。这些功能有助于消费者展示自我、树立个人形象，还可以体现不同生命阶段的特征，也有助于与不同社会圈子建立联系。消费品在全世界循环流通，周而复始，永不停息。政治参与消费活动的目的是引导社会财富的再分配，政府还会因为社会安全问题而介入其中，比如在消费场所安置摄像头，应用安检技术来抵制恐怖主义、偷窃和电子犯罪行为。但是，安全技术的发展又带来了怎样在保证消费品安全的情况下不侵犯私人生活的新问题。[1]

二 老年个体适应理论

（一）角色理论

角色是对社会中某种身份的人的行为规定。按照 Linton 的观点，占有某种地位的人扮演了特定的角色。[2] 社会存在各种各样的角色，每个人在互动过程中领会角色的规范。某个身份可能伴随着一些相关的角色，我们每个人都必须学会扮演与我们身份相联系的角色。角色理论（Role Theory）重点探讨了老年人如何适应新的角色，老年人的角色转变涉及老年人应当抛弃在成年人阶段

---

[1] 〔法〕多米尼克·戴泽：《消费》，邓芸译，商务印书馆，2015。
[2] Linton, R., *The Study of Man: an Introduction*, D. Appleton-Century Company, 1936.

为了特殊目的而扮演的典型工具角色，例如职业角色，取而代之的是为保持身心愉悦的一种新的情感上的角色，例如家人、朋友的角色。此外，角色也有被重新定义的时候①，例如退休的工人有机会放弃清闲的生活，开始新的职业生涯。这些变化得以产生是因为当今的人们越来越长寿，社会中的老年人也越来越多。老年人数量逐渐增多，他们作为一个社会群体也在推动着社会的变迁，他们不愿就此退出历史的舞台，而希望仍能充当活跃的角色。角色理论认为老年人的角色会在数量和质量上同时发生改变，如果能够对角色的变迁做出相应的调节与整合，老年人的晚年生活会更加成功。

（二）脱离理论

脱离理论（Disengagement Theory）又称撤退理论，是较早研究老年人社会状况的一种理论，由 Cumming 和 Henry 于 1961 年提出，其核心观点是人的内心会随着变老的过程逐渐萎缩，最终与社会活动脱离。脱离理论认为当老年人认识到死亡已经临近、自己所获得的时间与能量不多时，会选择与社会脱离，该转变是一个自然而然的反映。② 脱离理论还认为老年人的退出对于社会整体来说是有必要的，否则会破坏社会的正常互动，他们认为脱离是社会稳定和均衡的必要前置条件。脱离理论的争议颇大，因为这种提法忽视了人们在个性、社会经济地位以及健康等方面的差异。随后有学者进行了修正，认为一个人的人格在人的一生中都会不断发展，即使在面临死亡的时候也是如此，人不完全从社会脱离

---

① Turner, R. H., "Role Change," *Annual Review of Sociology*, 1990, 16 (1).
② Cumming, E., Henry, W. E., *Growing Old: The Process of Disengagement*, Basic Books, 1961.

也能进行内心的转变[1]。那些面对压力时通常采取退缩方法的人，在死亡临近时可能会脱离社会，而那些在生活中积极进取的人则不会轻易退缩。[2]

（三）活动理论

活动理论（Activity Theory）企图解释老年人对退休、慢性病与角色丧失等可能遇到的变化会如何适应。活动理论不同于脱离理论，它将老年人降低社会参与程度的原因归结为社会结构的一种布局。活动理论认为人们对生活的满意程度与其活动有关，一个人越活跃，生活满足感就越高，而老年人在失去角色的过程中，会获得越来越少的生活满足感。不论老年人生命阶段早期的活动水平如何，只要在晚年能够保证较高的活动水平，老年人的生活满足感就能够保持在较高水平。老年期的角色丧失也被称为角色退出[3]，角色退出以丧偶和退休两种情况为主。活动理论认为适应角色丧失是老年人经常需要面对的重要挑战，因为保持一个熟悉的角色对老年人的健康状况很重要。简单地说，活动理论认为充满活力的老年人比没有活力的老年人更容易感到满足，也更容易适应社会。

（四）连续理论

连续理论是目前应用最为广泛的老年社会学理论，它关注了

---

[1] Henry, W. E., "Engagement and Disengagement: Toward a Theory of Adult Development," in *Contributions to the Psychology of Aging*, ed. Kastenbaum, R., Springer, 1965.

[2] Hendricks, J., Hendricks, C. D., *Aging in Mass Society: Myths and Realities*, Little Brown, 1986.

[3] Blau, Z. S., *Aging in Changing Society*, Franklin Watts, 1981.

个人在不同生命周期发展的连续性[1]。根据连续理论，老年期是人在经历了从婴幼儿时期到成年期这样一个连续的、没有间断的发展过程后的一种延续。连续理论不会将老年期看作一个独立的生命周期阶段，更不会刻意将老年期与其他生命周期简单地割裂。连续理论认为老年人在渐进式的发展过程中会根据自己的身体条件与价值观判断，选择一种能够延续自己中年时期满足感的方式去生活，他们会继续参加一些劳动或者参与一些志愿活动。连续理论十分重视老年人的个体差异，注重老年人自然地延续中年时期的生活。

（五）年龄分层、同期群效应与生命历程理论

年龄分层是指与年龄相关的一整套权利、责任和社会关系的体系，它是社会分层的基础。年龄分层理论强调了年龄所具有的社会意义，包含了年龄差异与资源分配的关系。年龄等级（Age Hierarchies）规定了在某个年龄时期所拥有的社会角色、权势、义务和回报。年龄分层反映了社会生活模式和地位的代际传递与变迁。年龄分层包含了社会性时间（Social Timing）、随年龄而变化的社会角色以及相关的年龄期望，与之相联系的是宏观社会重大事件和结构变迁的特征对同期群（Cohort）的影响，同期群即同一年代出生的一群人，这个概念把社会角色、年龄分层和历史环境结合起来[2]。Riley 提出年龄分层理论，把个人的认识归因于一定的社会同期群。[3] 同期群经历了相同的社会历史事件，因此，一个

---

[1] 〔美〕戴维·波普诺：《社会学》（第十一版），李强等译，中国人民大学出版社，2015。
[2] 佟新：《人口社会学》（第四版），北京大学出版社，2010。
[3] Riley, M. W., "Social Gerontology and the Age Stratification of Society," *The Gerontologist*, 1971, 11 (1).

同期群能够建构一个时期，从而形成同期群效应（Cohort Effect）。Elder 参照重要历史事件将事件史与个人生命周期联系在一起，他将生命历程视为"在人的一生中通过年龄分化而体现的生活道路"①。生命历程理论包括理论设计和概念架构。理论设计提供了研究老化过程的提纲，强调老化是发生在一个时间范围的过程，也提供了一种新的方法去研究老年问题。而生命历程的概念架构指的是年老时所继承或持有的角色，观察生命过程中个人与工作、家庭生活、教育、社会制度之间的互动形成的一种连续的继承。

三 老年社会支持理论

（一）孝文化理论

从西周以来，"孝"的思想在宗法道德规范中占据重要的核心地位，这与以小农家庭生产为单位的社会构成分不开②。早期孝文化的根本思想强调了父母的权威，从"身体发肤，受之父母，不敢毁伤，孝之始也"到"立身行道，扬名于后世，以显父母，孝之终也"，孝就是对父母的顺从。孝文化还突出强调了家庭对赡养老人的职责与义务，包括养亲、尊亲、敬亲和对待父母的仁等。儒家思想将孝看作"齐家之宝""治国之要"，是维护家庭、社会秩序和谐稳定的积极思想。③ 但是孝文化随着时代变迁，其内涵也发生了改变，生产方式的转变，老年人在生产经验上的权威丧失，加之计划生育政策的提出、经济发展水平的高速提升，传统生育

---

① Elder, G. H., *Children of the Great Depression: Social Change in Life Experience*, University of Chicago Press, 1974.
② 路丙辉：《中国传统孝文化在现代家庭道德建设中的价值》，《安徽师范大学学报》（人文社会科学版）2002 年第 1 期。
③ 王涤、周少雄：《中国孝道文化的时代演进及其老年学意义》，《市场与人口分析》2003 年第 1 期。

观念逐渐发生转变，孝道中生育继嗣的思想日趋弱化。随着家庭规模逐渐趋向小型化以及子女与父母在经济和居住上的独立，子代与父代的连接有所松弛，子女在物质上和精神上给予父母的孝都逐渐淡化，家庭养老功能弱化。因此，在新形势下应当弘扬"孝敬、平等、保障、共享、和谐"的新孝道文化，保障老年人的合法权益，树立敬老、养老、爱老、助老的良好社会风尚。①

（二）血亲价值论

血亲价值论是以父母子女、兄弟姐妹等血亲关系为价值标准来阐释的家庭养老的运行机制理论。血亲价值理论强调以血亲关系为基础而非经济关系，并以实现血亲利益为人生价值和调节代际关系的准则，是更符合中国发展特征的家庭代际关系的理论，姚远将血亲价值论构建为一定的心理定式，用以指导血亲间的关系②。血亲价值论是中国家庭养老的理论基础，它从"一个核心、两种动力、三级整合、四条规则"对家庭养老机制做了解释。具体来说，血亲价值论的核心就是血亲价值观，它是保持家庭代际互动关系的驱动系统。两种动力分为先天动力和后天动力，血缘联系构成了先天动力，而人生价值观造就了后天动力。血亲价值论是对子代养老行为具有更大制约力和社会规范性的动力，是家庭养老的能源系统。通过先天和后天动力的整合、文化模式与行为方式的整合以及国家和个人各层面的整合，这三级的整合形成协调一体化的家庭养老支持系统。同时，血亲价值论遵循血亲核心性、非均衡性、超经济性以及亲代主导性四条规则。

---

① 张文范：《顺应老龄社会的时代要求建构孝道文化新理念》，《人口研究》2004年第1期。
② 姚远：《血亲价值论：对中国家庭养老运行机制的理论探讨》，《中国人口科学》2000年第6期。

（三）符号互动理论

乔治·赫伯特·米德（George Herbert Mead）通常被认为是互动理论的奠基人。他发现人们在日常生活中，不断地学习社会建构和共享的象征意义，同时人们还与他人交流这些意义，即互动是一种行动过程，这种行动过程是基于某种有意义的符号上进行的。① 赫伯特·布鲁默（Herbert Blumer）对米德的思想进行提炼和发展，得到了互动理论的三个准则：首先，人们会根据自己赋予事物的意义而采取行动；其次，人们对事物的意义来自社会互动；最后，人们在与自己交流的过程中赋予事物某种意义，并确定具体行动，这是一个必要的经历过程。② 按照这个理论，为了方便在同一个社会情境下与其他人达成一致，人们会随时调整自己的行为。由此就需要阐释他人行为的象征意义，而对这种象征意义的理解则是在角色置换（Role Taking）的过程中获得的，这个阐释的过程是互动理论分析的重要目标。批评者认为符号互动理论关注的仅仅是个体的互动方式，而忽视了社会结构对个体生活的影响。③

（四）人格发展理论

罗伯特·哈维格斯特（Robert Havighurst）将人的一生分为幼儿期、儿童期、青年期、壮年初期、中年期以及老年期6个阶段，

---

① Blumer, H., "Society as Symbolic Interaction," in *Human Behavior Social Processes: An Interactionist Approach*, ed. Rose, A. M., Houghton Mifflin, 1962.

② Blumer, H., *Symbolic Interaction: Perspective and Method*, University of California Press, 1986.

③ 〔美〕戴维·波普诺：《社会学》（第十一版），李强等译，中国人民大学出版社，2015。

其中规定人到老年期，要适应退休和收入减少的生活，适应配偶死亡带来的影响，同时与同龄人建立良好的关系。Erikson 也认为，一些最困难的事情发生在一生中最后的岁月里。[①] 在这一时期，一个人必须调整自己，从而适应社会声望的降低、身体机能的下降等。Erikson 把自我的发展分为 9 个心理阶段，它随着我们一生不同时期的发展要求而变化，且每个阶段都有必须解决的冲突或危机。他将老年期定义为"希望和信仰"与"绝望"的时期，在这个阶段，个人的主要活动接近尾声，他们已经有了更多时间来思考。完美的感觉来自一个人对自己一生的满足，其有助于形成新的智慧和成就感。而另一个极端观点是，如果一个人认为自己的过去失去了一系列机会或者走错了路，那么就会陷入绝望。有批评者认为，Erikson 的发展理论是以中产阶级的生活经验为基础的，因而有失偏颇。事实确实如此，在多数情况下，他将理论建立在对中产阶级的研究基础上，他研究了人格的一般发展，而没有考虑社会阶级、种族群体和可得性机会的影响。还有人认为 Erikson 的理论很难进行经验研究，比如我们无法准确衡量一个人在他发展的每个阶段是成功的。除此之外，Erikson 的理论暗含了一种关于人格发展的抽象理想，但他并未给出答案。不可否认的是，Erikson 用更为积极的态度研究了生命周期中人格的持续性发展，关注了解决自我认同危机的积极有效的措施。

（五）生态学理论

尤里·布朗芬布伦纳（Urie Bronfenbrenner）提出了生态学理论（Ecological System Theory），关注发展中的个体与不断变化的环境系

[①] Erikson, E. H., *The Life Cycle Completed: A Review*, W. W. Norton & Company, 1982.

统之间的关系。① 这种互动关系在实验室里不能完全被捕捉到，因此他指出，发展不可能在真空中产生，它总是在特定的情境中产生并通过行为来表现。在临床背景下，如果研究与个体相关的社会、物理和文化环境相脱离，就不能仅仅通过观察和测量个体行为来了解人类发展。当然，变化必然随时间而产生，所以布朗芬布伦纳将时间系统纳入理论，以理解发展在不同系统的动态性。时间系统指的是在个体内的变化和随着时间而产生的环境变化，以及两种过程的关系。根据勒温的场论，个体与环境的"对话"可以通过公式 $B = f(PE)$ 予以阐述，即行为（Behavior）是由个体（Person）和环境（Environment）的相互作用决定的。布朗芬布伦纳修改了这个等式，以反映行为和发展的区别，因而他的公式是 $D = f(PE)$，即发展（Development）是个体（Person）和环境（Environment）相互作用的结果。他把等式中的行为替换为发展，强调了时间的重要性以及在时间范畴内变化及纵向研究的重要性，这些都对理解老年人口的消费行为具有重要意义。布朗芬布伦纳的理论对了解人们如何理解环境以及这种理解如何反过来影响人们的行为是极为重要的。还有一种可能是在同种情境下，许多人对同种经历有不同反应。每个人如何定义情境取决于他如何做出行为。在研究老年人口的消费时，不仅要牢记不同的人看待事物不同，还要明白即使是同一个人，当他在认知、身体、心理社会性等方面不断发展时，也有可能在整个生命历程中对同一现象产生不同看法。

---

① Bronfenbrenner, U., *The Ecology of Human Development*, Harvard University Press, 1979.

第三节　本章小结

　　本章梳理了老龄化与消费、老年人口消费特征等一系列的文献，结果发现已有研究关于老龄化对消费的影响并未取得一致结论，虽然多数研究认为老龄化会抑制消费增长，但也有少数研究认为老龄化会促进消费增长。另外，从微观视角对老年人口的消费特征的判定也没有得到一致结论，相关研究不多，研究对象更多锁定在特定区域的老年人口，这主要是受数据获取限制，国家统计局关于居民消费水平数据未能区分年龄组，因此关于老年人口消费水平的判定一直未能得到实证的数据支持。一些大型老年人口调查为老年人口消费情况的研究提供了可能，但是相关主题的研究并不多，已有的研究仅限于老年人口消费的特征和结构，未能继续追究老年人口现有消费特征的深层原因，这不得不说是一个遗憾。本章还梳理了消费理论与老年社会学理论，了解老年人口在生命历程晚期的身体、心理变化，基于老年人个体适应理论和社会支持理论，有助于理解老年人口消费特征，分析老年人口消费的影响因素的作用机制。

第三章　老年人口消费分析框架

我国于2000年前后进入老龄社会。一方面，我国人口生育水平稳定在更替水平以下，人口底部老化趋势在短期内不会改变；另一方面，随着医疗卫生条件的改善，人口预期寿命将稳步提高，人口顶部老化趋势保持不变，因此，人口老龄化程度不断加深是我国人口发展的必然趋势。根据国家统计局数据，2002年我国65岁及以上人口达9377万人，占总人口的7.3%，我国正式进入老龄化社会。第七次人口普查数据显示，我国65岁及以上人口为19064万人，占总人口比例高达13.5%，我国即将迈入深度老龄化社会。联合国发布的《世界人口展望2019》预测，到2060年中国65岁及以上老年人口规模将达到峰值3.98亿人，占总人口比例达29.83%。为了迎接人口老龄化高峰期的到来，认识我国老年人口规模与结构的发展变化，全面、及时、准确地掌握老年人口消费的发展动态，是非常必要而且紧迫的。

本章基于上一章的消费理论、老年个体适应理论与老年社会支持理论，分析老年人口消费的变动规律。首先，界定老年人口的年龄范围，然后分析老年人口消费水平与消费结构的特征，其中老年人口消费结构主要从老年人口的基本需求型消费和自我实现型消费两方面考察。其次，对老年人口消费水平以及不同类别消费需求的影响因素及影响机制进行探讨分析，最终形成老年人口消费的分析框架。

第一节 概念界定

一 老年人口

在研究老年人口消费之前,有必要对老年人口的年龄界限做一个梳理,以统一指标的统计口径。瑞典人口学家桑德巴最早在《人口类型和死亡率研究》中将老年人口起点规定为50岁,这个规定的标准为是否能够生育。[1] 老年人口的官方标准是由联合国规定的,起源是西方国家在第二次世界大战以后对人口老龄化的关注。人口老龄化可能产生的社会经济效应促使联合国组织撰写了《人口老龄化及其社会经济影响》(*The Aging of Population and Its Economic and Social Implication*),第一本由联合国出版的人口老龄化研究报告由此诞生。报告对老年人口划分的内容如下:如果人口结构可以被硬性分为年轻型、成年型和老年型,年轻型则是指64岁以上人口在总人口中的占比低于4%,成年型指这一比例在4%~7%,老年型指这一比例超过7%。这就是我们现在常说的"联合国以65岁为老年人口的标准"和"65岁及以上人口超过7%为老年型人口结构"的原始出处。[2]

随后老龄化趋势在全球范围蔓延,发达国家完成人口转变,出生率和死亡率都降到很低的水平。而随着医疗卫生技术的发展、人民生活水平的提高,发展中国家的人口平均预期寿命逐渐延长,发展中国家也实现了人口出生率和死亡率的不断下降。联合国关注到老龄化趋势的蔓延,并于1982年在维也纳召开了"老龄问题世界大会"(World Assembly on Aging)。会议涉及老年

---

[1] 杜鹏:《中国人口老龄化过程研究》,中国人民大学出版社,1994。
[2] 杜鹏:《老年人口划分标准问题》,《人口研究》1992年第2期。

人口划分标准的内容，即将 60 岁及以上的人口统一划为老年人口。人口的老龄化是以不同的指标数来衡量的，按规定人口的老龄化为 60 岁及以上或 65 岁及以上的人口占总人口的比例。在该文件中，所用的指标是 60 岁及以上的人口。这就是一些学者引用"联合国规定 60 岁及以上人口为老年人口"的由来。事实上，选择 60 岁还是 65 岁作为老年人口的起始年龄，联合国并没有特别规定，而是建议结合研究目的与使用范围确定。因此，老年人口的起始年龄应当结合研究需要来确定使用 60 岁还是 65 岁。①

在实践过程中，我国不同部门对老年人口起始年龄的划分标准有 60 岁和 65 岁两种，具体见《中国人口和就业统计年鉴》②、《中国统计年鉴》、人口普查等资料。从 1990 年起，人口年龄结构大致被分为三组：0 岁到 14 岁为少儿人口；15 岁到 64 岁为劳动适龄人口；65 岁及以上为老年人口。所以事实上，国家统计局认定老年人口的起始年龄为 65 岁。自 2007 年起，民政部发布的《民政事业发展统计报告》会同时公布 60 岁和 65 岁及以上老年人口资料，在此之前，2006 年《民政事业发展统计报告》仅公布 65 岁及以上的老年人口资料。③ 民政部在《老年人社会福利机构基本规范》中将老年人口界定为 60 岁及以上的人口。在法律上，我国老年人口的起始年龄为 60 岁，如我国于 1996 年颁布的《中华人民共和国老年人权益保障法》规定老年人是 60 岁及以上的公民。

---

① 杜鹏：《中国人口老龄化过程研究》，中国人民大学出版社，1994。
② 2007 年以前名为《中国人口统计年鉴》。
③ 参见民政部网站，http://www.mca.gov.cn/article/zwgk/tjsj/。

二　老年人口起始年龄

本书认为，老年人口的起始年龄应当根据经济社会发展水平以及人口自身发展的态势共同决定。因为老年人口规模与老年人口的起始年龄有关，老年人口社会福利和老年人口发展同一个国家或地区的经济社会发展水平紧密相连，并通过劳动年龄人口的抚养比、退休年龄、储蓄水平影响经济的可持续发展，老年人口的养老保险和医疗保险，通过国民收入的二次分配推动整个社会协调发展并影响政治和社会稳定。所以，60岁还是65岁作为老年人口起始年龄，对经济社会发展的影响是不一样的。

首先，中国是一个发展中国家，经济社会发展水平稳步提升，但与发达国家相比，差距仍较为明显。根据美国人口咨询局公布的2009年世界人口资料，2008年中国人均国民总收入（GNI）为6020美元，同期世界发达国家和地区[①]的平均水平为32320美元，是中国的5.4倍。2009年中国城镇化水平为46%，而世界发达国家和地区的平均水平为75%，比中国高29个百分点；中国人口的出生时平均预期寿命为73岁，而世界发达国家和地区的平均水平为77岁，比中国高4岁；中国婴儿死亡率为21‰，高于世界发达国家和地区平均水平15个千分点。然而，从人口的一般指标来看，我国的生育水平、人口老龄化水平与发达国家和地区的平均水平相近。这说明我国的人口老龄化是与我国的人口政策，即计划生育政策密切相关的，从而使我国在较短时间内进入老龄社会，同时也说明我国经济发展面临理念的转变以及资源配置的调整。

其次，原劳动和社会保障部规定的我国退休年龄为男年满60

---

① 发达国家和地区的分类遵循联合国的划分标准。

岁、女年满55岁。1999年3月9日发布的《关于制止和纠正违反国家规定办理企业职工提前退休有关问题的通知》指出，国家法定的企业职工退休年龄是男年满60岁、女工人年满50岁、女干部年满55岁。从事井下、高温、高空、特别繁重体力劳动或其他有害身体健康工作的，退休年龄为男年满55岁、女年满45岁。因病或非因工致残，由医院证明并经劳动鉴定委员会确认完全丧失劳动能力的，退休年龄为男年满50岁、女年满45岁。事实上，我国老年人口领取养老退休金的年龄更低。国家发展和改革委员会社会发展研究所所长杨宜勇曾在国际社会保障协会第28届全球大会上表示，中国的平均退休年龄是51.2岁[1]，另据抽样调查资料，我国企业职工退休的平均年龄只有53岁。根据国家统计局城调总队、中国社会科学院经济研究所组织的"2002年城镇居民生活调查"[2] 对城镇离退休人员平均退休年龄进行研究的结果显示，城镇男职工的平均退休年龄为56.5岁，女职工为50.3岁，城镇职工平均退休年龄为52.9岁，这与前述抽样调查结果基本一致，男职工平均退休年龄比国家规定的提前了3.5年，女职工平均退休年龄与国家规定的相当[3]。可见，以60岁划分老年人口已经包括了实际领取养老退休金的人口，其增加了在业人口的经济负担。若以65岁为老年人口的起始年龄，势必缩小在业人口的实际养老负担，但把大量已退休人员当作劳动年龄人口，与我国实际的领取养老退休金的年龄相距太远，不能真实反映且严重低估我国养老退休金的存取状况，也不能真实反映人口老龄化对经济

---

[1] 高海珊、崔清新：《劳动和社会保障部：中国暂不调整离退休年龄》，人民网，2005，http://politics.people.com.cn/GB/1027/3946452.html。
[2] 参见经济学家网站，https://www.economist.com/。
[3] 姚引妹：《人口抚养比：理论与实际的偏离及修正》，《中国人口科学》2010年第6期。

社会的影响。

所以，本书认为，将老年人口的起始年龄定为60岁更符合我国现实情况以及本研究需要。

第二节 老年人口消费水平及消费结构的理论分析

从20世纪50年代开始，一些发达国家逐渐进入老龄化社会，老年人口逐渐引起人口学家和经济学家的关注，学者针对老年人口展开了多方面的深入研究，并对人口老龄化可能带来的社会、经济变化进行了探讨，这些变化会直接或间接地影响老年人口的消费，进而作用于社会的消费结构。人的消费行为受人的身体和心理的因素影响，又为社会经济发展水平所制约，因此分城乡来看，老龄化对城镇与农村两个地区的消费带来的挑战各有不同。

一 老年人口消费水平特征

（一）老年人口消费总量大

人是消费行为的主体，人对产品的需求与欲望导致了消费行为的发生，人在消费活动过程中，不仅满足了自身对商品价值的追求，也实现了对社会消费的积累。因此，人口数量的多寡决定了消费主体基数的大小，进而影响了消费规模的大小。我国庞大的老年人口规模决定了老年人口巨大的消费需求，从而可能产生的消费规模将会很大。2015年，全球近9亿人的年龄超过60岁，2050年全球60岁及以上的老年人口数量将达到21亿人，占世界总人口的20.00%以上，并将在人类历史上首次超过儿童人口数量。世界老龄化程度会在21世纪中叶达到顶峰，其中亚洲将成为老年人口最多的区域,在这其中,中国老年人将有近5亿人。①

我国已经完成人口转变,生产技术的进步、医疗卫生的发达使老年人死亡率降低、寿命得以延长,老龄化程度持续加重,未来我国将是世界上老年人口最多的国家,我国老龄化的显著特征就是老年人口规模大。1980~2050年中国和世界人口规模及预测如表3-1所示,1980年与2020年的数据显示我国老年人口占全世界老年人口的1/5左右;预计到21世纪中叶,我国老年人口占世界老年人口的比重将接近1/4,老年人口数量达到峰值。

表3-1 中国和世界人口规模及预测(1980~2050年)

单位:万人,%

人口规模类型	年龄	1980年 人数	1980年 比例	2020年 人数	2020年 比例	2030年 人数	2030年 比例	2050年 人数	2050年 比例
中国人口规模	0~14岁	35394	36.35	25338	18.44	20975	14.82	18214	13.51
	15~59岁	55367	56.86	89238	64.95	84765	59.88	67439	50.03
	60岁及以上	6621	6.80	26401	16.61	35814	25.30	49153	36.46
	60~64岁	2629	2.70	7338	5.34	11497	8.12	12014	8.91
	65~69岁	1955	2.01	7401	5.39	8744	6.18	8846	6.56
	70~74岁	1296	1.33	4959	3.61	6265	4.43	7812	5.79
	75~79岁	741	0.76	3123	2.27	5168	3.65	8424	6.25
	80~84岁	—	—	—	—	2554	1.80	6742	5.00
	85~89岁	—	—	—	—	1078	0.76	3479	2.58
	90~94岁	—	—	—	—	399	0.28	1336	0.99
	95~99岁	—	—	—	—	96	0.07	438	0.32
	100岁及以上	—	—	—	—	14	0.01	62	0.05

① 数据摘选自联合国经济和社会事务部人口司公布的《世界人口展望2015》。

续表

人口规模类型	年龄	1980年 人数	1980年 比例	2020年 人数	2020年 比例	2030年 人数	2030年 比例	2050年 人数	2050年 比例
世界人口规模	0~14岁	157199	35.69	201374	25.68	200979	23.64	207289	21.31
	15~59岁	249100	56.56	476662	60.79	508857	59.86	556029	57.17
	60岁及以上	34098	7.74	106059	13.53	140241	16.50	209197	21.51
	60~64岁	11751	2.67	32112	4.10	40756	4.79	53294	5.48
	65~69岁	10203	2.32	26918	3.43	33953	3.99	45029	4.63
	70~74岁	7474	1.70	19245	2.45	26043	3.06	36721	3.78
	75~79岁	4670	1.06	12608	1.61	19307	2.27	30709	3.16
	80~84岁	—	—	8506	1.08	11348	1.33	22349	2.30
	85~89岁	—	—	4465	0.57	5622	0.66	13074	1.34
	90~94岁	—	—	1737	0.22	2404	0.28	5778	0.59
	95~99岁	—	—	413	0.05	684	0.08	1875	0.19
	100岁及以上	—	—	56	0.01	124	0.01	368	0.04

资料来源：联合国经济和社会事务部人口司2020年公布的数据，详见https：//www.un.org/development/desa/zh/about/desa-divisions/population.html。

1980~2050年中国与世界不同年龄组人口规模及预测如图3-1所示，更清晰显示了未来我国老年人口规模之大和庞大的老年人口消费基数，若得以开发利用老年人口消费便可以带来银发经济，进而将老龄化可能带来的挑战化为经济发展机遇。

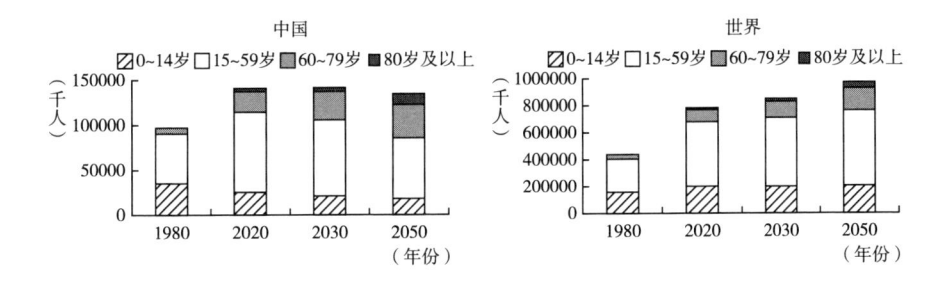

图3-1 中国与世界不同年龄组人口规模及预测（1980~2050年）

资料来源：联合国经济和社会事务部人口司2020年公布的数据，详见https：//www.un.org/development/desa/zh/about/desa-divisions/population.html。

从一个国家或地区的整体来看，迁移流动行为使老龄化进程在区域之间发生转移，由迁移引起的老龄化转移对老龄化进展没有决定性影响，但分区域来看，老龄化的转移影响了医疗卫生、基础设施等公共服务资源在区域之间的分布与重整。从全世界的发展规律来看，城镇拥有更多的老年人口，经济发达地区的老龄化更为严重，因此城镇老龄化程度应当比农村老龄化程度更严重。1991~2020年我国城镇、农村老龄化发展变动趋势如图3-2所示。2005年以前，我国城镇、农村老龄化发展总体符合这一规律，即城镇老龄化水平长期高于农村。2005年以后，城镇老龄化水平增速放缓，而农村老龄化水平保持直线增长趋势。1991年，城镇、农村的老年系数分别为9.82%和8.99%；2005年城镇、农村的老年系数分别为12.12%和13.73%，2020年增长为16.13%和27.19%。与此同时，中国城镇、农村老龄化在1991年时的差距并不明显，而从2005年开始差距逐年拉开，到了2020年，农村老年人口比重明显高于城镇地区。这种城乡老龄化倒置现象并非中国独有，例如世界上人口老龄化最为严重的日本，从20世纪80年代起，农村老年系数明显高于城镇，且农村老年人口比重增长速度明显快于城镇。

在城镇化过程中，农村劳动年龄人口向城镇地区大规模的流动、迁移，这个过程加剧了农村地区的老龄化，缓解了城镇地区老龄化。事实上，农村地区老龄化水平高于城镇只是人口老龄化过程中的一个阶段，这是由人口在空间的转移造成的，具有区域性和可移动性，城镇化发展到一定阶段会出现发展速度减缓、劳动年龄人口的迁移流动几乎停滞的现象，不考虑迁入地退出劳动力市场人口的回流，那么城乡老龄化水平依旧只受生育率和死亡率的影响。因此，城乡老龄化倒置现象不会成为根本性的老龄化问题。当人口迁移基本完成，城乡老龄化倒置现象会随之消失。

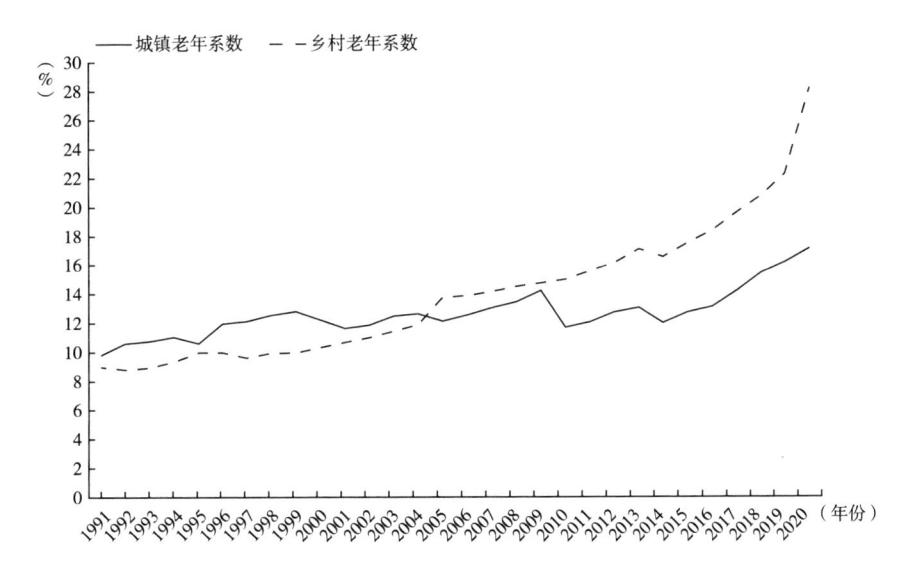

图 3-2　我国城镇、农村老龄化发展变动趋势（1991~2020 年）

资料来源：国家统计局《中国人口和就业年鉴》（1991~2020）。

当城镇与农村地区的老龄化仅受生育率和死亡率两种主要因素影响时，城镇地区的老龄化水平终将高于农村地区。尽管如此，目前农村老龄化程度较为严重的事实不容忽视，这种城镇与农村之间不同的老龄化发展程度影响了城乡两地老年人口的消费规模与消费构成，城乡老龄化发展过程中表现的区域性与可移动性导致城乡老年人口消费也存在较强的波动性，老年人口消费研究应当重视农村老年人口的消费特征及其消费水平和消费构成。不论怎样，从长期来看，老龄化都是一种必然发展趋势，实现每个区域社会资源的整合与提升可以作为应对老年人口消费区域波动性的必要手段。区别研究城镇与农村地区老年人口的消费有助于得到更为精准的判定，进而形成具有针对性的扩大消费内需的有效途径。

（二）老年人口消费总量增长快

我国的老龄化除面临数量上的挑战外，老龄化速度也令人担忧。与世界其他国家相比，我国人口转变的持续时间相对较短，西欧国家利用约 200 年完成人口转变，东亚国家仅用不到 20 年就得以实现。我国的人口转变有一部分因素是人为控制的，这种人为因素显著加快了人口转变的速度。纵观计划生育政策执行以来的人口变动及预测趋势（见表 3-2），总人口的增长率逐年放缓，世界人口在未来会出现负增长，中国人口增长率也不足 1%。与之相反，世界老年人口增长率逐年攀高，60 岁及以上老年人口的增长率在现阶段处于最高水平，未来会逐渐降低；65 岁及以上老年人口和 80 岁及以上老年人口的增长率高峰会稍晚到来。到 21 世纪中叶，不论是哪个年龄组，老年人口增长率都会出现回落。从整体来看，老年人口增长率大于总人口增长率，人口老龄化所带来的老年人口消费总量迅速增长，这必然是中国以及全世界不可逃避的一个重要和普遍的人口问题与经济问题。

表 3-2 中国及世界人口增长率（1980~2050 年）

单位：%

项目	中国 1980~1985 年	中国 2015~2020 年	中国 2030~2035 年	中国 2045~2050 年	世界 1980~1985 年	世界 2015~2020 年	世界 2030~2035 年	世界 2045~2050 年
总人口	1.8	0.5	0.8	0.6	1.5	2.1	-0.1	-0.4
60 岁及以上	2.4	3.5	2.4	1.9	2.8	2.2	2.7	1.8
65 岁及以上	1.9	5.7	2.9	1.8	3.8	3.8	4.2	0.7
80 岁及以上	4.1	6.4	4.7	3.3	6.2	2.8	7.4	5.4

资料来源：联合国经济和社会事务部人口司 2020 年公布的数据，详见 https://www.un.org/development/desa/zh/about/desa-divisions/population.html。

在老龄化程度日益加深的过程中，老年人口占总人口的比重在较短时间内的迅速增长给社会经济结构带来了一些可能存在的危机。65岁及以上老年人口占总人口的比例超过7%的社会被称为人口老龄化社会，而超过14%就被称为老龄社会。因此，我们可以通过考察65岁及以上老年人口比例由7%到14%所需的时间来了解某个国家或地区从人口老龄化社会到老龄社会所需要的时间。从部分发达国家和发展中国家65岁及以上老年人口比例从7%到14%实现翻番所用时间来看（见表3-3），发达国家耗时普遍长于发展中国家，除日本外，几个发达国家耗时均在50年左右甚至更高，法国历时超过一个世纪。我们可以这样理解，发达国家的老龄化随着经济发展同时发生，65岁及以上老年人口比例翻番时间较长给予了发达国家充足的时间，当老龄化程度加深时，发达国家已经拥有足够的经济实力和充分的社会基础去应对老龄化可能带来的种种挑战。

发展中国家人口转变的速度远超发达国家。中国是目前全球人口老龄化增长速度最快的国家之一，短时间内完成人口转变而引起的老龄化为经济社会发展所带来的挑战会更为棘手，这意味着需要在较短时间内调整社会经济发展规划，注重对老年人口政策的侧重，对社会资源进行再分配。虽然过去经历了经济高速增长，但我们依旧需要面对巨大的人口规模，老龄化的迅速到来压缩了我们享用人口红利的时间，为经济增长带来了阻力，我们需要一边发展经济，一边应对骤增的老年人口。这是一个充满挑战的机遇，因此需要谨慎对待，不可轻视即将到来的快速发展的老龄化。同时也要把握机遇，妥善处理快速老龄化带来的问题，调整社会政策对老龄化的资源配置，扩大老年人的消费内需，调动老龄化的积极作用，让老年人口发挥余热。

表 3-3 发达国家和发展中国家 65 岁及以上老年人口比例由 7%到 14%翻番时间

单位：年

发达国家			发展中国家		
国家名称	翻番年份	历时	国家名称	翻番年份	历时
法国	1865~1980 年	115	阿塞拜疆	2000~2014 年	41
瑞典	1890~1975 年	85	智利	1998~2015 年	27
澳大利亚	1938~2011 年	73	中国	2000~2026 年	26
美国	1944~2013 年	69	牙买加	2008~2033 年	25
加拿大	1944~2009 年	65	突尼斯	2008~2032 年	24
匈牙利	1941~1994 年	53	斯里兰卡	2004~2027 年	23
波兰	1966~2013 年	47	泰国	2003~2025 年	22
英国	1930~1975 年	45	巴西	2011~2032 年	21
西班牙	1947~1992 年	45	哥伦比亚	2017~2037 年	20
日本	1970~1996 年	26			

资料来源：联合国《世界人口老龄化：1950~2050 年》。

（三）老年人口消费总量的潜力大

个体的老化过程决定了老龄化的必然性与不可逆转性，即人口惯性对老龄化产生既定的、可预知的影响。因此，可以预测未来即将步入老龄的群体是老年人口消费的潜在动力。目前，我们将面临 20 世纪 50 年代、60 年代出生的一批人相继步入老年期所带来的一个老年人口高峰。前面我们说到计划生育政策的有效实施使我国生育水平急速下降，当处于生育旺盛期育龄人口的生育水平骤降，从人口惯性考虑，这也就意味着生育高峰人口步入老年期，整个社会的老龄化将变得极为严峻，即老年人口消费主体的基数将达到一个峰值，老年人口消费规模自然也会随之达到一个极值。

20 世纪 50 年代以后，我国人口年龄结构从随年龄增长人口数减少的金字塔形逐渐转变为圆柱形，每个年龄段的人口数相当。令人担心的是，随着预期寿命的持续提高，生育率降低，人口年龄结构最终可能转变为头重脚轻的结构，即最顶端年龄较大的人口最多，而年龄较小的人口日趋减少。尤其是当年轻人将更多时间投资在教育上，而老年人慢慢退休，实际工作的劳动年龄人口日渐减少，即人口年龄结构向纺锤形发展。1950~2100年中国人口年龄结构金字塔的变化及未来的预测如图3-3所示。从全球范围来看，除了少数极为落后的国家，大多数国家的劳动年龄人口数量都表现为缓慢增长，甚至负增长。也就是说，不论是新兴国家还是成熟国家，不论是发展中国家还是发达国家，都将面临未来消费主体以老年人口为主以及随之带来的老年人口消费规模的扩大。

随着人口年龄结构的老化，1950~2020年，全球范围内社会总抚养比基本都表现为下降趋势，这样一来，全社会将面临抚养负担加重的难题，与此同时也意味着社会养老消费开支的增多。1950~2020年世界主要地区社会抚养比状况如表3-4所示，数据显示欠发达地区拥有较高社会总抚养比水平。2020年，中国的社会总抚养比水平既低于世界平均水平，又低于发达地区平均水平。2000年以后，中国社会总抚养比下降趋势明显。发达地区老龄化较严重，因此发达地区老年人口抚养比历来高于世界平均水平，更远超中国及欠发达地区，中国的老年人口抚养比快速增长，2020年超过世界平均水平。老年人口抚养比的倒数便是潜在抚养比，潜在抚养比可以理解为1名老年人对应由多少名劳动年龄人口照顾，中国的潜在抚养比从1970年开始持续下降，2020年平均不到6名劳动年龄人口抚养1名老年人口，而1970年1名老年人口由超过15名劳动年龄人口抚养，发达国家潜在抚养比水平也经历了明显下滑，

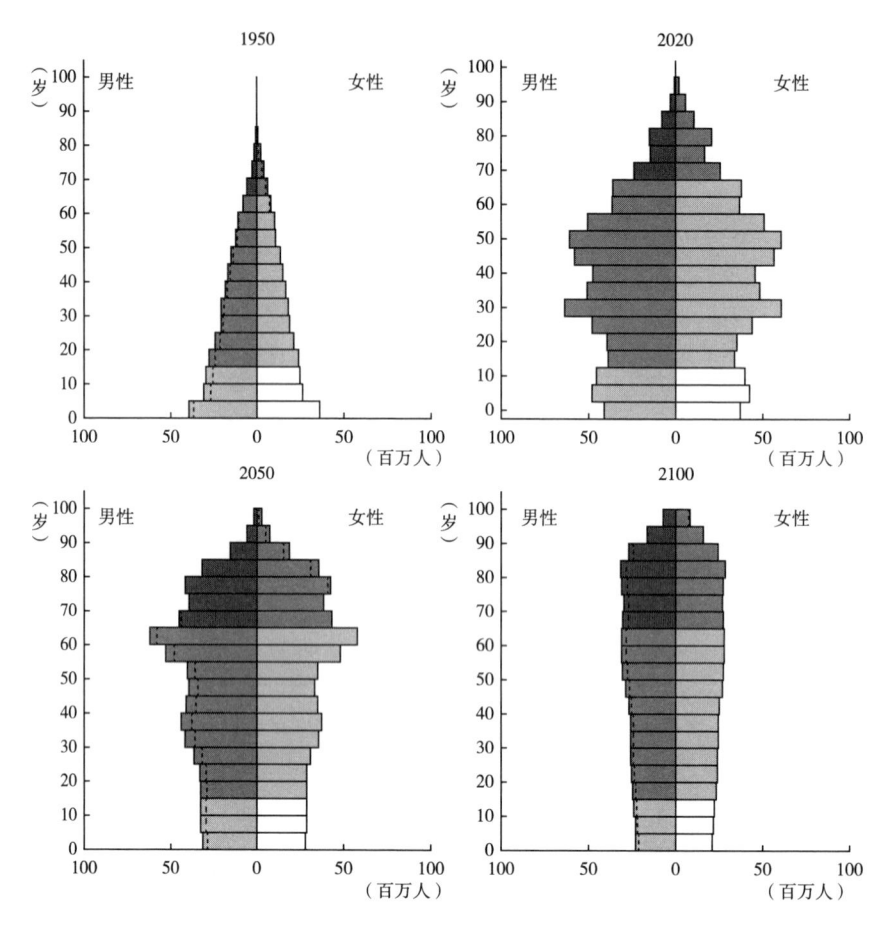

图 3-3　中国人口年龄结构金字塔的变化及未来的预测（1950~2100 年）

数据来源：联合国经济和社会事务部人口司《世界人口展望 2020》。

与中国不同，发达国家潜在抚养比水平下滑发生在 20 世纪中后叶，而中国潜在抚养比水平下滑发生在发达国家之后。欠发达地区潜在抚养比水平虽然经历了小幅下降，但依旧维持在相对较高水平。预计到 21 世纪中叶，发达国家 1 名老年人口由 2 名劳动年龄人口抚养，发展中国家则需要 4 名。从整体来看，每名劳动年龄人口承担的养老负担加重，所担负的养老消费支出增多。

表 3-4　世界主要地区社会抚养比状况（1950~2020 年）

单位:%

人口抚养比	地区	1950年	1970年	1990年	2000年	2005年	2010年	2015年	2020年
总抚养比	世界	95.7	112.2	95.0	86.1	81.4	75.7	73.5	75.5
	发达地区	77.1	79.9	67.5	65.1	63.8	62.8	65.1	67.9
	欠发达地区	105.9	127.6	104.3	92.0	86.0	78.8	75.4	76.9
	中国	93.5	124.9	81.4	65.9	60.2	50.6	48.2	56.7
老年人口抚养比	世界	10.0	11.2	11.9	12.7	13.2	13.4	14.4	16.6
	发达地区	13.7	17.8	21.0	23.6	25.1	26.2	29.1	30.6
	欠发达地区	7.9	8.1	8.8	9.7	10.1	10.4	11.1	11.0
	中国	8.6	8.2	9.7	11.0	12.0	12.4	14.2	19.7
潜在抚养比	世界	11.9	10.8	10.0	9.2	8.9	8.6	7.9	6.9
	发达地区	8.4	6.5	5.3	4.7	4.4	4.2	3.7	3.6
	欠发达地区	15.2	15.4	13.8	12.3	11.7	11.2	10.3	10.6
	中国	13.7	15.2	12.3	10.3	9.7	9.0	7.7	5.5

注：①总抚养比为 0~19 岁少儿人口与 65 岁及以上老年人口之和与 20~64 岁劳动年龄人口之比。

②老年人口抚养比为 65 岁及以上老年人口与 20~64 岁劳动年龄人口之比。

③潜在抚养比为 15~64 岁劳动年龄人口与 65 岁及以上老年人口之比。

④为了进行国际比较，此处抚养比均采用与其他地区统一的年龄段划分。

⑤发达地区包括欧洲、北美洲、澳大利亚、新西兰和日本。

⑥欠发达地区包括非洲、亚洲部分国家（除日本外）、拉丁美洲和加勒比海地区以及美拉尼西亚、密克罗尼西亚和波利尼西亚。

资料来源：联合国经济和社会事务部人口司《世界人口展望 2020》。

事实上，单纯地分析国家和地区的社会抚养比不足以说明问题，因为世界范围内各个国家和地区的经济发展水平、养老保障制度都存在较大差异，因此其对人口老龄化的承受能力各有不同，社会抚养比的变动只是老龄化产生的人口效应变动的一方面。与此同时，我们还应当看到我国经济长期保持高位增长，即使在经济发展"新常态"下，我国经济仍然保持了中高速增长。因此，我国老龄化面对的最大挑战是发展理念的设定，而应对老龄化带来的挑战涉及制度设计，是对社会资源的分配问题。

二 老年人口消费结构特征

本书依照国家统计局《居民消费支出分类（2013）》[①] 规定，将老年人口消费支出分为食品烟酒（以下简称食品），衣着，居住，生活用品及服务，交通和通信，教育、文化和娱乐，医疗保健，其他用品和服务八大类。分别考察老年人各类型消费支出情况，有助于更为深入理解老年人的消费行为特征，可以做更为具体的判断。本部分将就构成老年人口消费的两个重要组成部分——老年人口基本需求型消费和自我实现型消费的特征分别进行剖析、总结。

（一）基本需求型消费特征

基本需求型消费以食品支出为主，食物需求是人类生存的基本需求。老年生活以家庭生活为主，食品开支不仅满足老年人基本需求，更是老年人主要的生活开支。老年人可能会因为饮食的有限、不专业的食物选择（如吃高脂食物）、缺乏营养信息和知识等而营养不良或摄入过量，危害身体健康，良好的营养是对老年健康贡献较大的一个可控因素。尽管随着年龄的增长，能量需求会下降，但是老年人仍然需要与年轻人需求相当的营养。事实上，他们需要的会更多，例如老年人摄取维生素 D 的含量是规定的成年男性日常需求量的两倍。老年人对营养的吸收不良，不是因为年龄，而是疾病，我们知道随着生理机能退化，老年人面临患病风险。因此，医疗保健方面的开支是用来保持身体健康的基本需求，因此，本书考虑老年人的基本需求型消费包括老年人的食品

[①] 关于《居民消费支出分类》的规定参见中华人民共和国国家统计局公告，http://www.gov.cn/zwgk/2013-03/18/content_2356851.htm。

开支与医疗保健开支。

总体来看，老年人基本需求型消费支出占总消费支出的比重较高，城镇与农村地区老年人的食品支出差异可能不大，但农村地区老年人口不太注重医疗保健，因此城镇地区老年人在医疗保健方面的支出更高。老年人基本需求型消费具有理性、稳定的特征。具体而言，老年人在食品方面的支出正在从单一化向多样化转变。根据《中国老龄化与健康国家评估报告》，中国老年人的健康状况明显受到经济水平、学历等因素的影响，实际上正是这些因素影响了老年人在食品方面的支出，从而带来老年人健康状况的差异。教育水平较高的老年人会更注重食品的健康与营养，他们会选择更高质量和更多种类的食品，而其拥有的较高收入水平为老年人的这种选择提供了经济保障，满足了老年人温饱需求的同时还保障了老年人的健康状况。随着老年人收入、教育水平的提高，老年人在食品方面的支出逐渐从温饱型向功能型转变。老年人在医疗保健方面的支出也正在经历由盲目型向理智型转变。经济社会高速发展让老年人突然开始关注健康，相应地出现了一系列盲目的就医消费，对健康的持续关注以及医疗卫生知识的普及使得老年人逐渐变得理智，开始关注疾病的预防与控制，从而取代了过去有病才去就医的对治疗型医疗服务的需求。这样会减少老年人对医疗服务的消费支出，提高老年人对自身健康水平的可控性。

（二）自我实现型消费特征

自我实现型消费包括交通和通信开支以及教育、文化和娱乐开支两项，这两项开支最能够反映老年人对晚年闲暇生活的安排，能够体现老年人的再社会化过程，不论是在交通和通信方面的开支，还是参加教育学习或娱乐活动，都是老年人实现自我并继续发展自我的社会性的必要手段。自我实现型消费占老年人总消费的比重较低，并表现如下特征。第一，利己多、利他少。老年人在自我实现方面的消费以自我为主，一般选择为自身发展投资的老年人都没有照顾子女的负担，经济和生活都比较独立，他们注重晚年的再社会化发展，通过规划自己的晚年生活，安排一些社交活动来保持自己的活跃性。不论是进行体育锻炼，还是与伴侣、朋友进行旅游和娱乐，老年人都会增加在交通和通信或是教育、文化和娱乐方面的开支，这些自我实现型消费满足了在身体健康或人格发展方面的需求。相比较而言，老年人的自我实现型消费较少具有利他性，只是传统的遗赠动机驱使，一些老年人会不吝为子女或孙子女花费。然而老年人对社会性质的志愿活动参加不多，这也是由我国慈善事业发展不够发达所导致的。第二，怀旧性。老年人喜欢选择与过去和回忆相关的消费，通过生命回顾的过程加深对自身的了解程度、个人价值和生活满足感。事实上，他们更能够感受到生命的完整性和连贯性，许多老人在晚年会消除和亲人间的分歧，去增进感情，尽弃前嫌，消除误解。由于寿命长短的未知性与不确定性，处于生命周期末期的老年人会较少考虑未来较长时期的效益。相较于已经经历的几十年，老年人的余寿显得时间很短，因此他们会选择让自己生命更加完整的补偿性的消费，用自己的主观能动性强化个人的价值。第三，单一性。老年人可选择的自我实现型消费方式比较单调，消费内容也很单一。老年人的再社会化过程需要老年人具备较好的身体文化素质和良好的社会支持，而目前老年人虽然拥有更健康的身体素质，但教育素质相对较低，老年人对休闲与自我发展等方面的认识有待提高，因此他们选择的消费可能更多停留在诸如棋牌娱乐、散步和看报等常见的、普遍的休闲活动上,这些休闲活动较少关注老年人的精神发展需求,因此缺少了一些情趣性。由于老年人求实的消费心理,他们会更加追求产品与服务的实用性和便利性,在节俭消费观的影响下,老年人不会购买产品的附加价值,而只在乎产品本身的实用价值,这样导致了老年人的消费比较单一。除此以外,良好的社会支持也至关重要,完善的休闲设施与丰富的社会组织形式是发展老年人自我实现型消费的环境基础,显然,我国尚未能给老年人提供这样的环境,客观上导致了老年人单一的自我实现型消费。

第三节 老年人口消费的影响因素分析

汽车的普及、休闲的流行、大众住房以及超市等的出现成就了消费社会,但是老年人对科技进步、时代发展产物的享受与使用似乎要晚于其他年龄阶段的人口,且使用程度相对不高。在老龄化日益严重的背景下,老年人口的消费将会受到更多关注。在宏观社会观察层面,社会支持、年龄对消费均有影响;从微观社会学方法的视角出发,人们在决定购买商品和服务的阶段,会选择与关系较近的人谈论消费,他们扮演了重要角色,而做出购买决定实际上是各种因素综合作用的结果,这些因素包括社会归属情况(收入是指标之一)、生活方式、情感因素(消费者是为谁购买产品)等,所有因素综合起来可以归纳为消费观念与消费能力,通俗地讲就是"想消费"且"能消费"。本书将从个体特征、家庭支持与社会保障三个层面出发,分别讨论老年人的消费观念与消费能力对形成其消费行为的影响机制。

一 个体特征影响

(一) 收入

从经济学角度出发,收入是影响消费的重要因素。这种思想从古典经济学时期就开始出现,凯恩斯的消费函数理论明确指出了消费支出与个人可支配收入的关系,他认为消费的改变主要取决于收入的多寡。后来的研究认为凯恩斯研究了确定条件下的消费函数,只考虑即期收入对消费水平的影响,便由此提出了持久收入假说,也就是说消费者会考虑他在较长时间里可以得到的收入,而不只是即期的收入,这是一种长期平均的预期收入。这个观点与生命周期假说的观点相似,理性的消费者会安排其一生的收入以达到效用最大化的目的,然而老年人处于生命历程的末期阶段,过去的收入水平对老年人消费的影响可以解释为帮助老年人形成既有的消费观念与消费习惯。而对老年人消费产生重要影响的主要是老年人即期可支配的收入,这是因为老年人面临死亡的不确定性,他们可能会选择一部分储蓄用以应对自己的后事处理。但是,老年人的遗赠动机与谨慎动机会或多或少影响其消费水平,例如老年人有将财产赠与子女的动机而较少选择消费,他们将收入直接转为储蓄,当作留给子女的遗产,或者是老年人为健康担忧,选择将收入的一部分拿来储蓄,作为预防未来医疗开支的储蓄金。事实上,正是未来的不确定性决定了老年人的消费受即期收入影响最大,老年人不必考虑整个生命周期的收入与消费开支,更重要的是对当下的生活的安排。

收入对城镇与农村地区老年人口的消费支出的影响会略有不同,城镇老年人口的消费倾向高于农村老年人口,因此,当收入增加时,城镇老年人口会更加倾向于增加消费,而农村老年人口可能会选择将较少的收入用来消费。在收入水平较低的农村地区，老年人口会有更多满足基本需求的消费支出，如食品支出，而城镇地区老年人口收入水平相对较高，在满足基本需求后，老年人会选择增加能够满足自我实现的消费支出，这一点对部分拥有较高收入的农村老年人口同样适用。

（二）教育与职业

一个人的文化教育程度对其消费水平与消费结构产生决定性的影响，不同文化程度的人具有不同的消费需求，并且会选择不同的消费方式来满足自身需求。这里所说的教育是狭义的教育，主要是指接受学校有目的、有计划、有组织的教育。一般认为，文化程度低的老年人，消费水平会较低，且基本需求型消费占比会更大。文化程度较高的人，因为掌握了更多社会所需要的活动信息，他们会倾向于选择更加多样化的消费，且更加注重自我实现型消费的支出，具体来说，接受过高等教育的老年人在晚年会更容易选择能够满足自身精神生活的社会活动，例如学习书法、戏曲或参与社会志愿者活动等。文化程度较低的老年人多数选择参与体育活动或其他以保持身体健康为目的的社会活动，其形式与内容相对更为单一，因此消费水平也相对较低。按照广义的教育的含义，教育泛指影响人们知识、技能、身心健康、思想品德的形成和发展的各种活动[1]，基于这个概念，教育对老年人消费的影响更加明确，教育水平高，就是说明老年人参与影响其知识、技能、身心健康等方面的形成与发展的活动多，在接受教育的过程中带动了消费水平的提升。

老年人接受老年教育可以增长知识，保持与时俱进，避免大

---

[1] 丁向阳、蔡海清：《论教学与教育的同一》，《当代教育论坛》2009年第22期。

脑的废退，在老年人保持健康活跃的同时，实现了扩大老年人口消费的目的。老年人在接受老年教育的过程中，会更大限度地参与社会活动，提高社会互动水平，同时也作为重要的人力资源为社会所重视。尤其是老年人在学习、交流的过程中，可以接触来自不同行业、不同领域的老年群体，实现相互学习、共同进步的目的，提高了自身素质和修养，同时也增加了对老年人群体和社会的奉献。老年教育借助老年人活动，推动了整个社会的参与和代际交流。除此之外，老年人团体组织活动对缓和社会矛盾、维护社会稳定具有重要意义，例如有的低龄老人会帮助高龄老人，加强了老年人内部的帮助与交流。

之所以说教育会对老年人口消费产生决定性影响，是因为教育在很大程度上决定了老年人所从事的职业及收入水平。根据示范效应所揭示的原理，与消费者存在密切联系的人对更好产品的消费会影响其消费决策，人们对优越存在普遍的欲望，这强化了个体为维持或提升其社会地位和威望而效仿他人消费行为的现象发生。工作环境为示范效应提供了可能发生的场所，同一工作环境中的人最容易相互影响，在层级分明的政府部门，消费的示范效应更显著。在政府部门，阶层代表了一系列社会和经济利益，消费行为是人们融入某个社会阶层的一种途径，超越了物质生活所必需的程度。这是消费作为一种地位符号表现出来的特性，人们进行炫耀性消费以显示他们的社会经济地位，因此，在政府部门工作容易有更高的消费水平和更加多样的消费结构。而在那些社会层级并不明显的工作环境，较少存在地位符号，人们比较不容易被符号消费诱导，其消费水平取决于其他条件，例如收入水平较高的职业，人们的消费水平可能更高，而收入水平较低的职业，人们的消费水平相对较低且消费结构更为单一。职业对消费者产生的这种影响会持续到劳动年龄人口退出劳动力市场,老年人在晚年闲暇生活安排上也还会表现出受符号消费影响的消费行为,但由于离开了原有工作环境,这种影响可能会有所削弱,而逐渐被其所在新的环境中的人所影响。

(三) 年龄与退休

年龄是判断人们地位与角色的依据之一,老年期可能意味着体力和智力在生理上的衰老、退出劳动力市场、以家庭为重心等。年龄分层规定了老年期的社会角色,同时决定了老年人消费观念的形成与确立。首先,不同年龄的老年人的生理及认知存在差异,低龄老年人(60~69岁)的身体状况较好,受教育程度较高,他们在消费时会更加注重个人价值的实现,会积极参与社会活动,因此会表现较高的消费水平并有更多自我实现型消费支出。而中高龄老年人(70岁及以上)则会有更多身体照料、医疗保健方面的消费支出,正是受身体所限,中高龄老人更容易选择静态的消费方式。但这也不是绝对的,高龄老年人(80岁及以上)可能身体健康状况更好,在生命历程的末期,人的心理认知会更加成熟,不再容易为外界左右,由于拥有比别人更多的社会经历,他们会变得更有智慧,因此会表现更为积极的生活态度,这会影响他们的消费观念,可能表现为有更多自我实现型消费支出。其次,消费还具有时代效应,同一时期出生的人有相似的人生经历,他们共同经历了社会中的大事件,因此会形成相似的消费观念与相似的价值观念。不同时期出生的人,社会经历的差异导致其在消费认知上有所区别。另外,老年人的消费观念及消费行为会随着时代的发展、社会的进步而发生变化。动态来看,中年人逐渐步入老年,因为经历了国家经济快速发展时期,他们的消费需求比起上一代的老年人较大，在棘轮效应下，他们的消费习惯不会发生改变，这也就意味着老年人口的消费需求越来越大，消费结构也会越来越多样化。

退休是由年龄催生的事件，退休前后老年人口在消费行为上的差别在很大程度上表现为低龄老年人（60~69岁）与中高龄老年人（70岁及以上）在消费行为上的差别，例如由多样化的消费转向满足基本需求的单一消费和静态消费。然而，退休是老年人从工作环境向家庭环境转换所产生的结果，退休后，老年人的社交网络将以家庭或朋友为主，他们将不再扮演工作中的社会角色，而拥有更多闲暇时间，如果能够很好适应这种角色转换，老年人会对退休生活进行规划并安排丰富的社交活动。如果能够较好适应退休生活，那么老年人口的消费不会由年龄效应所主导，而可能会由于退休行为的发生而有机会产生更高水平和更多样化的消费。退休所带来的另一个变化可能是收入的减少，根据前面分析，收入减少可能带来消费降低，而老年人在年轻时候进行储蓄是为老年时期收入减少做准备，因此老年人的消费水平可能不会因为退休后收入减少而发生变化。

（四）健康

生物学上探讨关于老化的理论可以分为生理结构损伤（The Structured Damage Theoris）与已拟定安排的器官退化（The Programmed Obsolescence Theories）两种。[1] 前者认为细胞的分子经年累月地工作，开始失去应有的功能，并产生故障、破损，最后导致细胞逐渐损失。后者认为老化与死亡是不可避免的结果，是

---

[1] MacWilliam, L., *Comparative Guide to Nutritional Supplements*, Northern Dimensions Publishing, 2003.

内在生物钟在受孕时就已经安排好了的。当细胞不再运作，不再适时、快速产生充足的新细胞来维持个体的健康活动时，器官就会老化死亡。老年人的健康状况决定了老龄化可能产生的对医疗资源与服务方面的需求，人口老化使人们对医疗设施及其服务的需求明显增加，对保健药品的消费增加。《柳叶刀》杂志的2020年全球疾病负担研究显示，1990~2019年，在全部致死疾病中，死亡人数增长率超过20%的有心血管疾病、肿瘤、糖尿病及肾脏病、神经系统疾病、精神类疾病以及肌肉骨骼疾病（自身免疫疾病）。[1] 死亡情况衡量了人群健康状况，非传染性疾病死亡率在过去25年大幅增长，而人口老龄化是促成非传染性疾病发病率上升和蔓延的一个因素。2009年、2019年中国按死亡率排序的前10位疾病如表3-5所示。

表3-5　2009年、2019年中国按死亡率排序的前10位疾病

排名	2009年致死疾病	2019年致死疾病
1	中风	中风
2	慢性阻塞性肺病	缺血性心脏病
3	缺血性心脏病	慢性阻塞性肺病
4	下呼吸道感染	肺癌
5	胃癌	胃癌
6	新生儿疾病	阿尔茨海默氏病
7	肺癌	高血压性心脏病
8	高血压性心脏病	结直肠癌
9	肝癌	食管癌
10	道路伤害	道路伤害

年轻人所患疾病大部分属于急性病，这些病症有明确的开始

---

[1] Murray, C. J., et al., "Global Burden of 87 Risk Factors in 204 Countries and Territories, 1990-2019: a Systematic Analysis for the Global Burden of Disease Study 2019," *The Lancet*, 2020, 396 (10258).

期、转折期、恢复期，病发的原因通常在体外，即一般是由微生物感染引起的。随着年龄的增大，患慢性病的可能性增多，即病症发展得很慢，没有明显的转折期，痊愈的时期也较长。除此以外，慢性病很难像急性病那样找到针对性的病因，因此也没有办法完全治愈。① 老年人中最常见的疾病以及死亡原因是心脏和循环系统相关的疾病，从全国致死疾病的前 10 位也不难发现老年人口易患的慢性病排名相对较高，这种局面的形成与日趋严重的老龄化是很难脱得了干系的。老年人易患慢性病的特征决定了老年人会更加注重健康保养，以求降低患病的可能性，或在患病后会有一笔医药支出，从而增加了其在医疗保健方面的开支，这种情况在城镇地区更为突出，城镇地区拥有更为优质的医疗资源，求医问药更加便捷，而在医疗资源匮乏的农村地区，老年人收入水平也相对较低，与其将有限的收入用于疾病治疗，更多老年人会选择增加食品消费支出的方式预防疾病发生，即使患病后，农村老年人也更容易选择忍受疾病带来的痛苦，或者采取最低成本的治疗方式，这样就导致了城乡居民在医疗保健方面消费的差异。

（五）社交

虽然使人衰弱的慢性病经常发生在老年人身上，但需要明确的事实是，多数老年人是健康的、活跃的和独立的。尽管老年人的活动水平可能会降低，一些身体的损伤也是不可避免的，那些认为老年人一贯体弱多病的看法其实是错误的。实际上，美国对高龄老人（80 岁及以上）进行的一项全国调查表明，他们中的 1/3 仍

---

① 〔美〕戴维·波普诺：《社会学》（第十一版），李强等译，中国人民大学出版社，2015。

然活动自如。① 与家人、朋友和社区有良好关系的老年人会拥有更为健康的身体，例如 50 岁时对人际关系最满意的人，在 80 岁时拥有最健康的身体。良好的关系不仅可以保护身体，还有助于延缓衰老。健康的身体同时是老年人参与社交活动的良好基础，两者相辅相成，从而有助于提升老年人的消费水平。

前面提到，老年人退休后，可能会因为退休前后生活环境的改变而产生退休震荡现象，其中很重要的原因就是相比较退休前老年人社会关系逐渐疏离、社会活动也比以前减少，而大量闲暇时间让老年人感觉老年时光难以打发。因此，闲暇时间的安排会对老年人的消费产生重要影响。谢美娥研究发现如果老年人在退休后能够有正面的认识、多参加有意义的活动、对自己健康感到满意、觉得生命是有意义的、能够预先规划退休后活动的参与且保持其一贯的生活方式等，那么老年人整体的生活品质会较好。② 除此之外，集体的休闲活动也有助于老年人实现社会化价值。具体来说，通过参加集体休闲活动增加老年人的人际互动，在这个过程中老年人容易收获肯定的自我价值，这些肯定的自我价值有利于老年人提高生活满意度与幸福感。拥有较高生活品质与较高社会化价值的老年人，其消费开支会更高且消费结构更加多样化，尤其是在城镇，经济发展为老年人提供了良好的消费环境。农村地区老年人对社交休闲的认知程度不如城镇，农村老年人拥有更充裕的闲暇时间，而子女在外务工使得农村产生了许多空巢老人，农村文化活动场所与设施匮乏导致农村老年人的社交、休闲需求

---

① Harris, T., et al., "Longitudinal Study of Physical Ability in the Oldest-Old," *American Journal of Public Health*, 1989, (79).
② 谢美娥：《从退休的规划、老化适应理论、自我知觉与生命意义探讨退休老人的生活品质》，《东吴社会工作学报》（台湾）2013 年第 25 期。

得不到满足，从另一个角度考虑，也就是农村老年人休闲消费亟待开发。总的来说，老年人在闲暇时间参加社会活动、积极社交，一方面可以丰富晚年生活，另一方面有助于优化整个社会的消费结构。城镇与农村老年人都可以通过合理安排闲暇时间来提高自身生活品质，实现自身消费需求的开发与扩大。

（六）伴侣

家庭是社会构成的最小单元，也往往被称作一种经济单位，是由追求经济的各个成员合作组成的。家庭是传统农业社会生产的主要单位，主要从事农业生产或小手工业生产。虽然现代社会大多数生产性活动发生在家庭之外，但家庭仍然是经济活动的重要组成单位，不同的是，家庭的主要经济行为不再是生产，而变为消费。从经济学意义上来讲，以家庭为单位进行消费会降低个人消费的成本，家庭成员分工合作，所消耗的生活资源成本也可以均摊到每个家庭成员上。在经济发展与计划生育政策的共同作用下，子女数量越来越少，且子女工作、结婚后不再与父母同住，老年家庭一般由老年夫妻组成或丧偶的老年人独自居住。有伴侣的老年家庭为彼此提供了稳定、必要的关系，是一种经济和社会的保障。而独居老年人的处境相对较差，如果独居老年人与已婚子女同住，子女会成为老年人的经济支柱和精神依托，然而，通常女性寿命比男性长，许多女性老年人在晚年孑然一人，如果没能与子女同住，她们可能会遇到严重的经济困难，由于大多数女性老年人以前一直以其丈夫为经济后盾，所以她们并没有为进入劳动力市场做好充分的准备。独居的成本较有伴侣的老年家庭会更高，随着生活费用的增加，丧偶老年人的主要生活来源如养老金、社会保险等都不足为继。受过良好教育的丧偶老年人要比没有受过什么教育的丧偶老年人日子好过一些,在失去伴侣后,在经济和社会方面重建新生活要更容易。[1][2] 因此,独居老年人如果能够建立良好的生活态度,其消费支出可能会高于有伴侣的老年人,而如果不能适应独居生活可能会产生孤独情绪,这对于扩大消费是不利的。有无伴侣体对城乡老年人口消费的影响差异不大,农村地区良好的邻里社区关系可能对独居老年人建立积极的生活态度更有利,但这种影响可能较小,老年人是否能够适应晚年独居生活更多取决于其个体性格特征。

二 家庭支持影响

中国古代讲孝悌,实质意义即要绝对尊重长辈,表现在消费上,就是要优先考虑长辈的消费需要,这样有助于稳定社会、弥补政府在老年福利措施上的空缺,满足了老年人在孤独和隔绝的社会条件下的情感需要。代与代之间的经济支持或生活照料会促进老年人消费,家庭成员对老年人的经济支持是老年人收入的保障,有助于促进老年人消费。家庭成员对老年人提供的照料会减少老年人的开支,这样老年人的开支会减少,但另一种可能是老年人可以将减少的开支用于其他方面,这样也有助于促进老年人的消费。但是,生育率水平下降,孩子数量减少,"重小轻老"的倾向逐渐显现,家庭的资源越来越倾向于儿童少年群体,老年人口的需求不再像以前一样受到重视,老年人自己也显现出"重小轻己"的倾向,老年人会增加向子辈、孙辈的转移开支或为子女提供对孙辈的照料,这是城乡老年人口消费的重要组成之一。老年人

---

[1] Lopata, H. Z., "Becoming and Being a Widow: Reconstruction of the Self and Support Systems," *Journal of Geriatric Psychiatry*, 1986, (19).

[2] Lopata, H. Z., *Widows: The Middle East, Asia, and the Pacific* (Vol.1), Duke University Press, 1987.

口在帮助子女照料孙辈或给孙辈钱、物的过程中提高了其消费水平。另外，老年人与儿童的相处会彼此受益，而老年人保持活力对其消费水平的提高是有益的。

广义的家庭成员还应当包括老年人的兄弟姐妹，他们通常在老年人的生活中扮演重要的角色，也是人们拥有的最持久的关系[1][2]，兄弟姐妹是家庭历史的延续，还提供了同伴友谊和支持性网络。随着逐渐步入老年，兄弟姐妹之间会更多为彼此着想，彼此的接纳度、陪伴及亲密程度都会加深，尤其对于子女很少或没有子女的老年人而言，兄弟姐妹是尤其重要的关系[3]。兄弟姐妹之间的经济互助或生活照料也促进了老年人的消费，与居住较近的兄弟姐妹的频繁互动还会丰富老年人的消费结构，形成多样化的消费。朋友与老年人之间的支持也是如此，朋友对于老年人而言比子辈和孙辈更重要[4]，与同龄人接触会减少老年人的孤独感和社会隔离感，且关系的质量比接触的频率更重要。因此，一种有意义的、稳定的关系比高水平的社会接触更容易使老年人拥有良好的心理健康和较高的信念，而这是有助于扩大老年人消费的。

尽管家庭作为生育单元的重要性已经消失了[5]，越来越多的夫

---

[1] Cicirelli, V. G., "Sibling Relationships in Adulthood," *Marriage & Family Review*, 1991, 16 (3-4).

[2] Connidis, I. A., Campbell, L. D., "Closeness, Confiding, and Contact among Siblings in Middle and Late Adulthood," *Journal of Family Issues*, 1995, 16 (6).

[3] Connidis, I. A., Campbell, L. D., "Closeness, Confiding, and Contact among Siblings in Middle and Late Adulthood," *Journal of Family Issues*, 1995, 16 (6).

[4] Antonucci, T. C., et al., "Well-Being Among Older Adults on Different Continents," *Journal of Social Issues*, 2002, 8 (4).

[5] Rix, S. E., *The American Woman 1988-1989: A Status Report*, W. W. Norton & Company, 1989.

妇选择不要孩子，而照顾老人这项传统责任的重要性也逐渐下降，与以前相比，今天有更多的老人独住或在养老院接受照料，这样一来家庭成员变得更加自主，但是不论家庭发展的趋势是否会在将来继续保持下去，有一点是毋庸置疑的，即家庭是塑造人格、价值观和促使人把握机会的重要推动力量。在家庭的概念下，老年人拥有良好的家庭关系与活跃的家庭互动有助于老年人人格的发展完善，拥有积极情感的老年人更易形成多样化的消费结构。

三 社会保障影响

理性的消费者会考虑整个生命周期的收入来安排一生的消费支出，社会保障体系作为老年人口重要的收入来源，为老年人提供了基本的保障性收入，这样一来会降低老年消费者的储蓄意愿，促进老年人在其他方面的消费。对全社会来说，社会保障开支是政府消费的一种形式，完善社会保障体系，增加老年人的养老、医疗等保障性支出，会提高社会总体消费水平。与此同时，老年人享受完备的社会保障实际上是一笔预防未来意外的储蓄金，或者说是一种稳定收入来源的保障，政府的保障性制度增加了老年人口的收入预期，进而间接增加了老年人的消费支出。尤其是对于农村地区老年人口来说，养老、医疗等保障体系增加了收入来源的确定性，从而让其有能力消费。本书主要从老年人享受的养老保障与医疗保障两方面入手来分析社会保障对老年人消费的影响。

（一）养老保障

老龄化程度加深所引发的直接问题就是养老安排及其衍生问题。20世纪80年代，法国的人口学家阿尔弗雷德·索维（Alfred

Sauvy)在《人口通论》中讨论了人口老龄化的影响。① 他认为人口老龄化会产生"物质上的"和"思想上的"两方面的影响，并从两个角度分析老年人和社会的消费安排。关于物质上的影响，他认为，有些影响是直接的，有些则是间接的。人口老龄化将产生的第一个问题便是"如何提供剩余产品"，因为老年人所生产的东西少于他们所消费的东西，因此需要社会有足够数量的生产者（这些人生产的东西多于他们消费的东西）来负担。每个老龄化的社会都面临这个较重的负担，而人类社会的力量就在于人们对弱者的关怀。他还比较了农业家族制度、资本主义制度和社会主义制度下各社会解决这一问题的方式和利弊。他认为，在一个农业家族制度的古老社会里，每个家族按自己的安排来赡养老年人，从理论上讲，这时人口老龄化不会引起很多麻烦。从实际情况看，人口老龄化似乎必然会产生某种程度的社会影响。在资本主义制度下，家庭瓦解以及乡村人口外流使个人离开了他们熟悉的环境，人们不得不尽早考虑他们的养老，为将来的生活进行投资。这就意味着一个人要在能够工作的时候储蓄一笔钱以便老年使用。而部分人口学家则不这样认为，在他们看来，老年人不过是在推迟劳动来保证消费而已，人口老龄化不会引起任何经济上的困难。事实上，我国面临由家庭个人养老向社会养老转变的过程。按照传统儒家文化，子女有义务和责任赡养父母，过去家庭规模较大，家庭中的老年人拥有较高地位，养老问题由家庭中的子女承担。然而，随着经济发展，在工业化与城镇化进程中，家庭规模日益缩小，尤其是20世纪末期的计划生育政策实施以来，大量独生子女家庭随之诞生，而一对独生子女夫妇未来需要照顾四位老年人，

---

① 〔法〕阿尔弗雷·索维：《人口通论》（下册），查瑞传等译，商务印书馆，1982。

甚至包括夫妻双方的祖父母，养老压力可能会更大。三孩政策放开后，这种养老负担可能会有所缓解，但过去那种父母抚养子女、子女成人后赡养父母的亲代关系变得十分脆弱，社会需要为家庭分担养老压力。

索维认为社会主义制度把某一时刻社会中的各个年龄组的人联系在一起。同时，生产者直接付钱给那些已经不再劳动的人，这种制度是诱人的。但从分配的角度考察，可能会出现种种问题，例如养老金的增长赶不上工资的增长，从而使人口老龄化带来的问题更突出。也就是说索维认为老年人是社会与家庭需要给予关怀的弱者，在生产力水平较为低下的社会里，索维只看到了老年人不再生产，而认定老年人对社会发展来说是一种负担。这种负担实际上就是养老消费增加所带来的负担，不论是对于家庭养老，还是对于社会养老来说，消费开支中有一部分需要用来养老。正如许多研究认为的那样，老龄化影响了人口的劳动供给，间接作用于社会经济发展。与其他发展中国家面临的挑战一样，比起发达工业化国家，我国缺乏应对老龄化的准备。发达国家花了很长时间来积累财富、完善工业与社会结构、构建制度，从而实现收入水平的提高。许多研究认为这些都是发达国家应对老龄化挑战的基础。然而，根据棘轮效应，经济发展带来收入水平的提高，意味着老年人的消费需求也会更高，在较高消费需求的背景下，老年人口规模持续扩大，发达国家经济发展积累的储蓄或许可以应对一些挑战。除此之外，发达国家已经不再具备经济高速发展的能力，他们对老龄化的准备或许不像想象中那样充分。在中国面临老龄化日益严峻的问题时，老年人口在总人口中的比重上升，同时生育水平低下，青少年人口占总人口的比重不高，不能补充富裕的劳动年龄人口。在这种条件下，老龄化便意味着劳动资源的缩减。在相同生产力水平下，劳动资源短缺可能影响经济增长，抚养比的上升将会给社会养老带来巨大挑战，然而目前我国的老年人口见证了国家经济的起步、发展与壮大，这部分老年群体的消费观念更多是崇俭黜奢的，社会提供的养老保险对于他们来说具有十分显著的保障作用，加之他们在老龄阶段又经历了中国经济的快速发展，因此便可以享受更为多样化的产品与服务，有了社会养老保险的保障性储蓄，老年人口的消费实现了开发。从扩大消费的角度来看，以老年人口为消费主体的政府消费与个人消费的增长对经济发展是有益的，且依靠消费拉动经济增长也是可持续的。尽管过去经济高速发展产生了巨大的人口红利，但是老年人口规模在短期内的快速扩大对于未来社会经济的发展来说是一个很大的挑战。[1]

不论是城镇还是农村，老龄化所带来的劳动力资源减少、社会养老负担增加是共同存在的，农村老年人口的养老消费问题更多是数量上的挑战。前面分析提到，劳动力向城镇地区迁移流动，导致农村地区老龄化程度更为严重，也就是说农村地区不仅存在劳动力资源短缺问题，同时还需要应对老龄化问题。我国传统的家庭养老依然是主要养老方式，尤其是在农村地区，面对日渐脆弱的亲代关系，家庭养老困难重重。尽管如此，农村老年人口消费观念更为保守，某种程度上可以减轻由老年人口骤增所带来的社会养老支出负担。因此，需要政府决策对资源进行再分配调整，强调在社会养老资源方面的倾斜，为城镇与农村地区老年人口提供基本的养老保障，可以实现老年人口消费的扩大进而推动经济增长。随着国家经济水平继续发展，社会有能力为老年人口提供

---

[1] 管克江等：《全球68个国家地区明年步入老龄社会 多国寻求出路》，人民网，2014，http://finance.people.com.cn/n/2014/0828/c1004-25553997.html。

更高水平的养老保障，老年人口的消费也可以得到持续扩大，从这个角度来讲，社会养老保障在促进老年人口消费、拉动经济增长之间形成了一种良性循环。

（二）医疗保障

健康状况变化对老年家庭的消费有很大影响，老年人是疾病的高发人群，生理机能退化导致老年人口会比其他生命周期阶段的人口产生更多医疗卫生需求。前面说到，老年人口健康状况的变化增加了个人医疗开支，从全社会来看，老年人口规模扩大也会增加社会在医疗保健资源方面的供给。老年人口增加会导致未来医疗费用（医药、补偿性设备、医疗物资、内科医生拜访、实验室测验、就诊、短期恢复、长期医护、收容所、家庭保健等）、保健职业（内科医生、护士、药剂师、外科医生、牙医、生理治疗师等）、居民设备、老年护理服务（社会工作者、心理学家、老年医学家、牧师、首次警觉安全计划、成人日护、高级运输服务、法定财产计划、丧葬服务等）等的增加。[1] 值得一提的是，伴随较低的社会经济地位，疾病和残障的危险性大大增加，这将导致更长久的就诊、更多的家庭保健、医保及更高的人均医疗保健费用，这群处在高危状态的老年人口不仅会增加健康费用支出，还需要更多的公共医护服务[2]。

城镇化水平的提升推动了城镇地区社会经济发展，因此城镇地区老年人口可以享受更多医疗卫生资源，城镇地区老年人口有能力负担较高的医疗开支，且有条件享受更多卫生资源。然而在

---

[1] Rice, D. P., Fineman, N., "Economic Implications of Increased Longevity in the United States," *Annual Review of Public Health*, 2004, 25（25）.

[2] Seeman, T. E., Adler, N., "Older Americans: Who Will They Be?" *National Forum*, 1998, 78（2）.

老龄化更为严重的农村地区，公共医疗资源欠缺，医疗服务差制约了农村老年人口享受更多医疗卫生资源，加之农村老年人口收入较低，其更多选择忍受身体健康状况恶化，或选择最为低廉的医疗服务，在医疗服务方面的支出相比较来说还十分有限。然而，我们应该看到，社会经济发展已经取得很大进步，农村地区则拥有后发优势，可以直接享用经济发展的成果，政府提供的医疗保险可以缓解农村地区老年人口因收入水平低而忽视健康的问题。这是政府调配社会资源应对老龄化的一种重要方式，提高了政府消费水平。对于老年人口来说，医疗保险可以降低沉重的医疗支出负担，保证了身体健康。具体来说，医疗保险制度可以帮助城镇老年人口节省个人的医疗开支，以增加在其他方面的消费。而医疗保险制度表面上看是增加农村老年人口的医疗开支，实际上是保障了农村老年人口的健康，调动了老年人口的消费积极性。长期来看，完善的医疗保险制度保障了老年人口的健康水平，结合前文分析，健康的身体有助于老年人实现再社会化，而不论是城镇还是农村地区老年人口在再社会化过程中都会产生更丰富、多样的消费支出。

总之，在社会养老保险制度与医疗保险制度尚未完善的条件下，老龄化的发展会为经济社会发展带来挑战同时也带来机遇。正如Powell和Whitla预测的老龄化所带来的人口改变可能造成的影响，除了医疗保健之外，另外一个重要影响是老年人需要更多的社会资源，如社会安全保障、社会福利、成人日护、公共运输、医疗和康复机构及服务、社会服务以及休闲娱乐中心等。[1] 不论如何，中国人口老龄化带来的社会和经济挑战吸引了学界与商界的

---

[1] Powell, D.H., Whitla, D.K., "Normal Cognitive Aging: Toward Empirical Perspectives," *Current Directions in Psychological Science*, 1994, 3 (1).

注意，如果能够合理扩大老年人口消费，不仅可以带来商机，更可以成为"新常态"下经济发展的重要动力。

第四节　本章小结

本章将老年人口的年龄范围确定为 60 岁及以上，分析了我国老年人口消费水平、消费结构的特征以及个体特征、家庭支持与社会保障等因素对老年人口消费的影响机制。人口是消费的主体，我国庞大的老年人口规模决定了老年人口的消费总量很大，且其随着老年人口规模日益扩大而快速增长。随着 20 世纪生育高峰期老年人口步入老龄，老年人口消费总量也将达到一个极值，老龄化程度持续加深，未来老年人口消费颇具潜力。但我国存在城乡老龄化倒置现象，经济发展水平相对落后的农村，需要面对更为严重的老龄化，而农村地区消费水平不高，城镇化发展的同时还带来了城镇与农村地区发展不平衡问题，因此需要区别研究城乡老年人口的消费。本书认为老年人口以基本需求型消费为主，自我实现型消费开支不多。基本需求型消费具有理性、稳定的特征，而自我实现型消费具有利己多、利他少，怀旧性和单一性的特征。收入会对老年人消费产生重要影响，而教育则对老年人消费产生决定性影响，健康状况较差会产生较多医疗支出费用，但健康的老年人会参与更多社交活动并进行多样化的消费。家庭支持对老年人消费产生的影响更多体现在活跃的家庭互动有助于老年人人格的发展完善，拥有积极情感的老年人更易形成多样化的消费。社会保障对老年人消费的影响体现了其基础保障性，有助于老年人消费的扩大与开发。

第四章　中国城乡老年人口消费特征分析

前文分析了老龄化对社会经济发展带来的机遇与挑战，面对庞大的老年人口规模，唯有了解老年人口的消费特征，分析其消费水平及结构的变动情况，才能将老龄化对社会经济发展可能带来的挑战化解为机遇。中国古代黜奢崇俭的消费思想在现代的消费准则、消费水平、消费结构、消费需求等方面都有体现。[①] 现在的老年人口受这种古代消费思想的影响较大，加之其经历了改革开放以前生产力水平低下的"苦行者社会"时期[②]。本书将对这种思想对人们的影响进行论述，并从当前老年人口消费行为表现如何、存在多大程度的城乡差异等方面进行具体说明。

第一节　数据与样本特征

一　数据选择与处理

本书使用"中国健康与养老追踪调查"（以下简称CHARLS）的数据测算城乡老年人口的消费状况。该调查覆盖了不包括西藏

[①] 刘敏、李中明：《浅论中国古代黜奢崇俭的消费思想》，《消费经济》2004年第5期。

[②] 王宁：《从苦行者社会到消费者社会》，社会科学文献出版社，2009。

在内的中国大陆所有县级单位，包括 150 个县级单位和 450 个村级单位，共计约 1 万户家庭。每两年追踪一次调查样本，基线调查于 2011 年开展，本书使用了 2011 年和 2013 年的两期调查数据。这种预期的追踪研究（Perspective Longitudinal Study）具有较高的内部效度（Internal Validity），可以很好地呈现个体发展趋势以及个体发展趋势的差异，也就是说，根据已有数据可以呈现城乡老年人口消费的变动趋势。

结合研究需要，本书对调查数据进行了筛选。除缺失项外，本书还剔除了含异常值的样本，例如家庭总收入或消费为负的样本。本书对 2011 年和 2013 年 CHARLS 数据经过筛选后样本的年龄分布与同年《中国人口和就业统计年鉴》（以下简称《年鉴》）抽样调查数据样本的年龄分布进行对比（见表 4-1），调查抽样数据与全国抽样数据的年龄分布趋势大致相同，本书认为筛选后的数据具有代表性。

表 4-1　2011 年和 2013 年 CHARLS 数据样本与《年鉴》数据样本年龄分布对比

单位：%

年龄	CHARLS 数据的年龄构成		《年鉴》数据的年龄构成	
	2011 年	2013 年	2011 年	2013 年
45~49 岁	19.88	13.29	25.73	24.24
50~54 岁	14.27	14.62	15.87	17.17
55~59 岁	19.06	13.86	18.28	17.47
60~64 岁	16.45	22.58	13.45	14.39
65~69 岁	11.67	16.18	9.20	9.69
70~74 岁	8.42	10.66	7.35	6.89
75~79 岁	5.84	5.71	5.40	5.25
80~84 岁	2.97	2.21	3.05	3.15
85~89 岁	1.06	0.84	1.22	1.30
90 岁及以上	0.38	0.04	0.44	0.46

资料来源：中国健康与养老追踪调查（2011、2013），《中国人口和就业统计年鉴》（2011、2013）。

本书主要选取 60 岁及以上的老年家庭进行统计分析。需要说明的是，本书选用的消费、收入等情况均为家庭人均水平，之所以选择家庭人均水平，一方面是由于在 CHARLS 中消费、收入是以家庭为单位的，另一方面是因为家庭是社会结构的基本单位，是由每个家庭成员组成的最基本的群体。家庭会对家庭成员的个性特征、消费观念、生活方式、消费习惯等产生重要影响，家庭成员之间的频繁的接触、共同的收入和消费需要、相似的消费观和消费态度使之想法和行动统一，最后导致其相似的消费行为，从而形成特定的家庭行为特征，老年家庭更是如此。除此之外，家庭消费具有规模效应，用家庭人均消费代表个人消费更具有现实意义，本书认为家庭人均收支状况可以更好地反映处于生命历程的老年阶段的个人收支状况。CHARLS 尽可能选择更加了解家庭支出状况的家庭成员作为受访者，因此调查结果更为准确。最后，本书将家庭成员均为 60 岁及以上的纯老年人家庭（以下简称纯老家庭）与含有 60 岁及以上老年人的有老家庭进行区别研究。

二 样本特征

2011 年和 2013 年调查样本分布特征如表 4-2 所示，总体来看，样本以农业户口、小学以下受教育水平、有同居伴侣的人口为主。老年人多受慢性病困扰，本书选用问卷中"患有的慢性病种数"[①]

[①] 问卷中涉及的慢性病主要有高血压病、血脂异常（包括高血脂或低血脂）、糖尿病或血糖升高（包括糖耐量异常和空腹血糖异常）、癌症等恶性肿瘤（不包括轻度皮肤癌）、慢性肺部疾患如慢性支气管炎或肺气肿、肺心病（不包括肿瘤或癌）、肝脏疾病（除脂肪肝、肿瘤或癌外）、心脏病（如心肌梗死、冠心病、心绞痛、充血性心力衰竭和其他心脏疾病）、中风、肾脏疾病（不包括肿瘤或癌）、胃部疾病或消化系统疾病（不包括肿瘤或癌）、情感及精神方面问题、与记忆相关的疾病（如老年痴呆症、脑萎缩、帕金森症）、关节炎或风湿病、哮喘等。

作为衡量老年人健康状况的标准，慢性病即慢性非传染性疾病，属于病程长且通常情况下发展缓慢的疾病。老年人患慢性病的比例较高，且有的老年人同时患有多种慢性病。问卷还涉及生活方式的问题，调查了被访者在过去一个月所进行的社交活动①，调查结果显示老年人的生活方式比较单调，2011年与2013年超过一半的老年人没有社交活动，参加一项或多项社交活动的老年人口比重不高。问卷还对老年人参加养老保险②与医疗保险③情况做了调查，每种养老保险和医疗保险不排斥，享受政府或企业提供的基本保险后也可以购买其他商业保险，部分老年人同时享受多种养老或医疗保险。

表4-2　2011年和2013年调查样本分布特征

单位：人，%

变量	2011年 人数	2011年 比例	2013年 人数	2013年 比例
户籍				
农业户口	4504	74.68	6716	75.69
非农户口	1527	25.32	2157	24.31
教育程度				

---

① 社交活动包括串门、跟朋友交往，打麻将、下棋、打牌、去社区活动室，无偿向与您不住在一起的亲人、朋友或邻居提供帮助，去公园或者其他场所跳舞、健身、练气功等，参加社团组织活动，志愿者活动或者慈善活动，无偿照顾与您不住在一起的病人或残疾人，上学或者参加培训课程，炒股（基金及其他金融证券），上网等。

② 养老保险包括政府机关和事业单位退休金、企业职工基本养老保险、企业补充养老保险（企业年金）、商业养老保险、人寿保险、农村养老保险、城乡居民社会养老保险、城镇居民养老保险、新型农村社会养老保险、征地养老保险、高龄老人养老补助和其他。

③ 医疗保险包括城镇职工医疗保险、城镇居民医疗保险、新型农村合作医疗保险、城乡居民医疗保险、公费医疗、医疗救助、商业医疗保险（包括单位购买或个人购买）、城镇无业居民大病医疗保险和其他。

续表

变量	2011年 人数	2011年 比例	2013年 人数	2013年 比例
小学以下	3373	55.58	4716	55.69
小学	1455	23.97	1959	23.13
初中	756	12.46	1129	13.33
高中或中专	341	5.62	489	5.77
大专及以上	144	2.37	176	2.08
有无同居伴侣				
有	4784	78.71	6872	76.32
无	1294	21.29	2132	23.68
患有几种慢性病				
0种	1725	26.98	3943	44.08
1种	1838	28.75	2373	26.53
2种	1362	21.30	1472	16.46
3种	790	12.36	674	7.53
4种及以上	679	10.62	483	5.40
参与社交活动				
无	3562	55.71	4508	50.40
1项	1970	30.81	2792	31.21
2项	670	10.48	1108	12.39
3项及以上	192	3.00	537	6.00
参加几种养老保险				
未参加	5172	80.31	1149	12.72
1种	1175	18.25	7203	79.76
2种及以上	93	1.44	679	7.52
参加几种医疗保险				
未参加	404	6.27	479	5.30
1种	5864	91.06	8255	91.41
2种及以上	172	2.67	297	3.29

资料来源：中国健康与养老追踪调查数据（2011、2013）。

第二节 中国城乡老年人口消费水平变动趋势对比分析

通过对数据进一步分析，本书梳理了城乡老年人口在2011年和2013年的收入与支出变动情况。除此之外，不同年龄组、不同教育程度的城乡老年人口的消费水平表现了不同的变动趋势。不同老年人群体消费水平的变动差异折射了其背后社会结构的强大影响，如城乡二元结构制度因素对老年人口消费行为具有浸染作用，从而体现为不同老年人口群体之间的差异。

一 中国城乡老年人口收入与支出变动

从2011年和2013年城镇、农村老年人口的人均消费和收入变动可知（见图4-1），2011~2013年老年人人均消费水平提升明显，人均收入水平却略有降低，其中城镇老年人口的收支变动不明显，2011年城镇老年人收入和消费分别为14539元和14509元，2013年分别为14317元和13675元；尽管农村老年人口的收入水平降低，从4116元降至3892元，但是其消费水平从5813元增至10339元，涨幅近80%。此外，本书还利用方差分析进行检验，发现城镇、农村的平均收入水平和平均消费水平具有显著差异。数据显示，城镇老年人口收支差异较小，而农村老年人口收入明显低于消费，本书认为这是农村老年人口劳动能力减弱而造成收入大幅减少所引起的，而城镇职工养老保险与城镇居民养老保险支撑了城镇老年人口收支平衡。根据《中国统计年鉴》数据，2011年全国城镇居民人均消费支出为15161元，农村为5221元；2013年，城乡居民消费水平分别达到18023元和6626元。经过对比发现，不论城镇还是农村，老年人口的消费水平均低于全国人均水平。

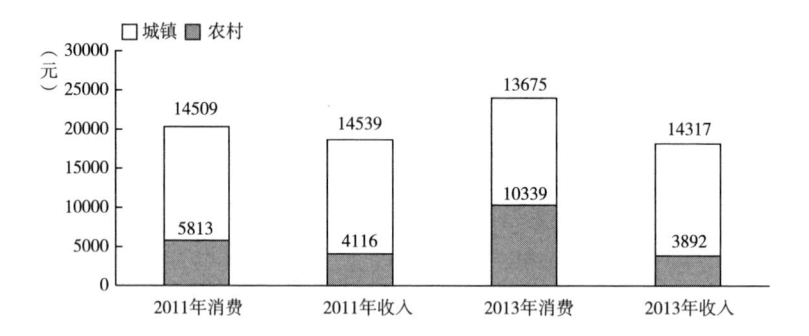

图 4-1　2011 年和 2013 年城镇、农村老年人口消费、收入水平变动

资料来源：中国健康与养老追踪调查数据（2011、2013）。

劳动收入是老年人口的重要经济来源，尤其在发展中国家。在发达国家和一些社会保障成熟的发展中国家中，社会转移支付是老年人口的主要经济来源；自身财产性收入是老年人口的另一个重要经济来源，尤其在那些社会转移支付体制不太发达的国家。老年人口的消费水平受到其收入水平的限制。劳动参与率能够反映劳动适龄个体对工作收入与闲暇的选择偏好。近年来，全球范围内，发展中国家劳动参与率较稳定，而发达国家的劳动参与率表现持续下降的特征。从分年龄的劳动参与率来看，我国 65 岁及以上男性和女性老年人口的劳动参与率分别为 28.2% 和 16.1%，接近世界平均水平的 30.2% 和 14.4%。[1] 不难发现，劳动参与率并非越高越好，65 岁及以上的老年人口的劳动参与率较高意味着国家（或地区）社会保障的缺失，他们不得不通过不退出劳动力市

---

[1] United Nations Department of Economic and Social Affairs, *Population Division 2015*, 2015; United Nations Department of Economic and Social Affairs, *World Population Prospect: 2015 Revision*, 2015; United Nations Department of Economic and Social Affairs, *World Social Protection Report 2014-2015*, 2015.

场的方式来满足生活需要。中国健康预期寿命为男性67岁、女性69岁，而退休年龄为男性60岁、女性50岁（最高55岁），因此了解从退休年龄到65岁这一阶段老年人口的劳动参与情况，如工作原因、工作时间等，是考察老年人口自我发展的关键。本书假设了两种极端情况：第一种，该年龄阶段的老年人口多数为求生计而不得不工作；第二种，该年龄阶段老年人口工作只为发挥余热，实现自我发展。

二 分年龄老年人口消费水平变动对比

2011年和2013年不同年龄城镇、农村老年人口的收入、消费水平如图4-2所示。随着年龄增长，城镇与农村老年人口的消费水平整体表现为下降趋势，具体来说，60~64岁老年人口的消费水平相对较高；在年龄增长的过程中，消费水平会出现一个小的回弹增长高峰，城镇老年人口的消费小高峰落在80~84岁，农村则稍有推迟，落在85~89岁；之后消费水平骤降至最低点，最高年龄组（90岁及以上）的消费水平最低。[1] 对比2011年与2013年城乡老年人口消费水平发现，总体上，农村老年人口的消费增长趋势显著；而城镇老年人口的消费并没有明显增长，甚至出现下降。2011~2013年老年人口消费水平的城乡差距在缩小。

2011年，城镇、农村老年人口收入水平随年龄变动的趋势与消费水平的变动趋势相似，收入从最低年龄组经历了先降后升，到80~84岁（城镇）或85~89岁（农村）达到最高，最高年龄组（90岁及以上）的收入水平最低；2013年随年龄增长，城镇、农村老年人口的收入水平表现不同的变动趋势，农村老年人口收入水平变动近似为"V"形，而城镇老年人口的收入水平整体呈增

---

[1] 2013年缺少90岁及以上城镇老年人口的消费支出数据。

长趋势，农村老年人口的收入水平在最高年龄组（90岁及以上）达到最高。

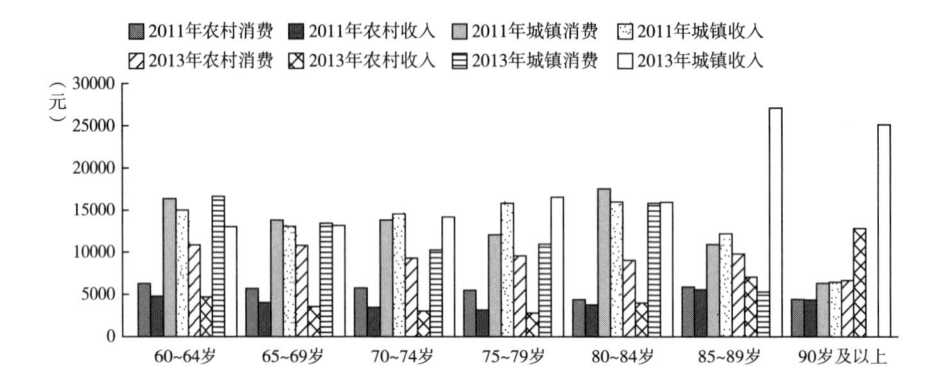

图 4-2 2011 年和 2013 年不同年龄城镇、农村老年人口的收入、消费水平

资料来源：中国健康与养老追踪调查数据（2011、2013）。

三 分教育程度老年人口消费水平变动对比

2011 年和 2013 年不同教育程度城镇、农村老年人口的消费水平如表 4-3 所示。随着受教育程度的升高，城镇、农村老年人的消费水平有明显升高趋势，受教育程度处于初中、高中（或中专）的老年人口的消费水平相对较高，而大专及以上老年人口的消费水平骤增，尤其是农村受教育程度在大专及以上老年人口的消费水平极高。本书还发现，受教育程度在大专及以上的农村老年人口消费水平反超城镇老年人口消费水平，两期数据均表现一致的特征。总体来看，2011~2013 年，不同教育程度的城镇老年人口的消费水平变化相对不大，而农村老年人口消费水平显著提升，因此，2013 年不同教育水平老年人口的消费水平在城镇、农村之间的差异变小，表现为消费趋同。

表 4-3　2011 年和 2013 年不同教育程度城镇、农村老年人口的消费水平

单位：元

教育程度	2011 年			2013 年		
	总体	城镇	农村	总体	城镇	农村
小学以下	6031	9338	5579	10096	12548	9937
小学	7681	11750	6275	11052	14463	10536
初中	10601	15270	6032	12297	12452	12313
高中（或中专）	13522	14758	9462	12621	15620	9545
大专及以上	32150	32229	50220	25901	11665	59119

资料来源：中国健康与养老追踪调查数据（2011、2013）。

第三节　中国城乡老年人口消费结构分析

根据前面分析不难发现，不同人口特征老年人口的消费水平存在差异，这种差异具体表现在消费的不同类别上。本书测算了城乡老年人口的八大类消费水平（见图4-3），虽然城镇老年人口的消费水平普遍高于农村老年人口的消费水平，但城乡老年人口的消费结构分布相似。总的来说，城乡老年人口的食品的消费约占总消费的50%。根据恩格尔系数的界定，老年人口仍处于温饱水平。除食品消费外，居住、交通和通信是第二、第三大消费支出。对比两个调查年城镇、农村老年人口的消费结构发现，2011年城镇老年人口在教育、文化和娱乐与医疗保健方面的支出相对较高，而农村老年人口在居住方面的支出更高；2013年，城镇老年人口在教育、文化和娱乐方面的支出依旧较高，同时向居住消费稍有倾斜，而农村老年人口食品支出较高，以至于挤压其他类目的消费，使其比城镇老年人口较低。

值得注意的是，相较2011年，2013年城镇和农村老年人口在医疗保健方面的支出大幅增加，这可能是调查侧重不同所致。老年人口生理机能退化，头发、皮肤组织、肌肉、感官能力等可能

会出现不同程度的退行性变化，这样导致老年人口的医疗支出占比较大。因此，我们常常将老化与疾病混淆，认为老年人口等同于有疾病的人，但是老化与疾病并非一回事。城镇老年人口在医疗保健方面支出比重较大也不能说明城镇老年人口身体状况更差或更易患病，反而说明城镇老年人口更注重身体健康，而农村老年人口在患病后容易选择拖着不治。在剔除医疗支出后，两个调查年城镇和农村老年人口的消费支出构成变化不大，城镇老年人口在文化方面支出一直高于农村老年人口。与城镇老年人口相比，2011年农村老年人口的生活用品及服务开支较高，到了2013年，农村老年人口只有食品支出与交通和通信支出占比相对较高，其余类目消费支出均低于城镇老年人，对比发现，2013年城乡老年人口消费支出分布的差异较2011年有扩大倾向。

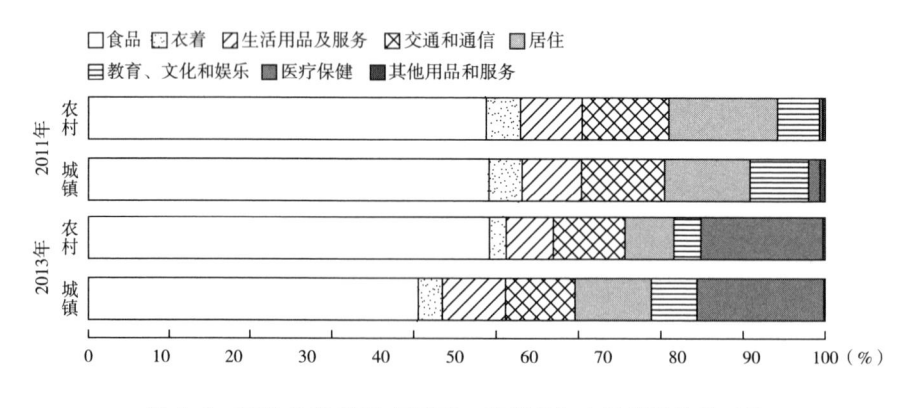

图4-3　2011年和2013年城镇、农村老年人口消费结构对比

资料来源：中国健康与养老追踪调查数据（2011、2013）。

一　中国城乡老年人口消费结构分年龄对比

本书对各年龄段城镇、农村老年人口的消费支出结构做了进一步分析。具体来说，2011年，城镇70岁及以上老年人口的食品消费高于农村老年人口。2013年，农村老年人口食品消费占比明显高于城镇老年人口，80~84岁老年人口食品消费的城乡差异最大。农村老年人口的衣着消费支出较稳定，其消费支出随年龄增长的变化不大；而城镇老年人口的衣着消费支出随着年龄增长有小幅波动。居住与生活用品及服务都是生活必需消费，本书将老年人口这两方面的开支合并，通过比较发现2011年老年人口在居住与生活用品及服务方面的消费会随着年龄增长而增加，农村老年人口的消费高于城镇老年人口；2013年农村老年人口居住与生活用品及服务的消费较稳定，而城镇老年人口的消费支出依旧随年龄增长而增加。就交通和通信方面，农村老年人口的支出高于城镇老年人口，且随年龄增长该项开支越来越低。城镇老年人口在教育、文化与娱乐方面的消费支出明显高于农村老人，2011年城乡老年人口在该项的消费支出随年龄变化的趋势相似，除80~84岁老年人口的该项消费支出占总消费支出的比例接近15%外，其他年龄组老年人口的消费支出比重大多维持在5%左右；2013年城镇低龄老年人口的文化娱乐支出较多，而农村高龄老年人口的文化娱乐消费支出较多。

由于2013年老年人口医疗保健支出异常增加，本书不重点比较老年人口医疗保健消费的支出，但可以肯定的是，城镇老年人口医疗保健支出明显高于农村，2013年老年人口在医疗保健方面的支出随年龄增长略有增加。本书中其他用品和服务的消费包含社会捐助与税费（不含所得税）两项开支，这两项开支占总消费支出的比重很小。2011年城镇低龄老人这两项开支比重略高于农村，而中高龄城乡老年人口的消费差异不明显；2013年不同年龄城乡老人在其他用品及服务上的消费支出波动不大。不同年龄的城乡老年人口的消费结构异化表现为农村老年人口的居住与生活用品及服务的消费开支较大,而城镇老年人口在教育、文化与娱乐方面的消费支出较高。总的来说年龄越大,消费结构的异化越明显。

剔除医疗支出后各类消费支出的结构分布变化不大,依旧表现为食品支出占比最大,居住开支次之,而其他用品及服务的消费包含社会捐助与税费(不含所得税)两项开支占总消费支出的比重最小。鉴于 2013 年城乡老年人口医疗保健支出明显高于 2011 年,2013 年剔除医疗保健支出后的各类消费支出占比的变动更为明显。剔除医疗消费后,两个调查年城乡差距变化更容易进行比较。结果显示,两个调查年每个年龄组的城乡食品消费支出、居住支出、生活用品及服务支出、交通和通信支出、文化教育与娱乐方面的支出结构差距都有增大。具体来说,较低年龄的农村老年人口食品支出较高,而较高年龄的城镇老年人口食品支出较高;居住方面的开支随年龄增长越来越高,且城镇较低年龄的老年人口与农村较高年龄的老年人口的居住开支更高;年龄越大,生活用品及服务方面的支出越大,且城镇老年人口在生活用品及服务方面的支出更多;交通和通信支出随年龄增长占比降低,城镇老年人口交通和通信支出更高;不同年龄老年人口在文化教育与娱乐方面的开支整体不高,因此差异并不明显。不考虑医疗消费支出的话,较低年龄的老年人口在衣着方面的开支城乡差距更大,而较高年龄的老年人口在衣着方面的消费开支基本不存在城乡差异。其他用品及服务的消费占总消费的比重太小,因此剔除医疗支出与否对城乡老年人口消费差异的影响几乎不存在,且其他用品及服务的支出年龄的变动没有规律可循。

整体来看,随着年龄的增长,老年人口的消费需求会发生转变，不同年龄段的老年人口具有各自的消费特征。其中健康是最基本的需求，每个阶段老年人口都具备这种需求，80~84岁老年人医疗保健支出占比最高，该年龄组老年人口健康需求最高；85岁及以上的老年人通常为长寿老人，其身体更健康，医疗保健支出占比会比80~84岁老年人有所降低；我国老年人的健康预期寿命在65~70岁，因此65~80岁老年人口的健康需求也占一定比例；而65岁以下的低龄老年人口的身体状况一般较好，有能力工作或参与一些社会活动，这个年龄组的老年人拥有更多选择，其消费行为多为自我实现型或享受型。

二 中国城乡老年人口消费结构分教育程度对比

本书还考察了不同教育程度城乡老年人口的消费差异。不论是城镇老年人口还是农村老年人口，随着教育程度越来越高，老年人口在食品、居住、生活用品及服务等必需品方面的支出占比越来越低，而衣着、交通和通信、教育、文化与娱乐等发展型和享受型消费的支出占比明显升高。较低教育程度的老年人口消费结构在2011年的城乡差异较小，但2011年较高教育水平以及2013年各教育水平的老年人口消费的城乡差距较大。研究还发现，城乡老年人口在医疗与保健方面的支出比重会随着受教育水平的升高而降低，在进行方差分析后，这种负相关关系是显著的。本书有关教育与医疗保健支出关系的结论完善了已有老年人口健康支出的相关研究，老年人口身体机能下降带来医疗保健需求的增加使得过去许多研究更多关注老年人口的健康支出，随着老年人口教育水平的升高，其医疗保健需求可能会有降低。老年人口在其他用品及服务方面的消费占比也随教育程度升高而增加。

与分年龄老年人口消费结构分析类似，相较于剔除医疗支出之前的分教育水平的消费结构，剔除医疗支出后，每类消费支出结构分布变化不大，但各类消费支出的城乡差距发生变化。食品支出的城乡差距增大，2011年教育水平为初中、高中或中专的老年人口食品消费支出城乡差距更大，城镇老年人口食品支出占比更高；而2013年，食品消费支出的城乡差距随着教育水平升高而扩大，且农村老年人口食品支出占比更高。

第四节　本章小结

本章分析了城镇和农村老年人口的消费水平与消费结构，得到如下结论，城镇与农村老年人口的消费水平存在显著差异，但农村老年人口消费增长较快，因此城乡差距有逐步缩小倾向。城镇与农村消费构成分布相似，老年人口的食品支出占所有消费支出的一半左右，老年人口的衣着消费较稳定。不同的是城镇老年人口在教育、文化与娱乐方面的支出较高，而农村老年人口在交通和通信方面的支出较高。年龄越大，上述消费结构的异化越明显。较低年龄老年人口与较高年龄老人生活时代背景不同，城乡二元结构对较高年龄老年人口产生的影响更为深刻，从而带来消费结构的异化。随着受教育水平的提高，城乡老年人口的必需型消费比重下降，而发展型与享受型消费增加，以致拥有较高教育程度的城乡老年人口消费差异较大。剔除医疗消费支出后的城乡老年人口的消费构成与剔除之前的消费构成差异不大，且城乡老年人口每类消费支出的构成体现在不同年龄、教育水平下的差异变化也不大。

第五章 中国城乡老年人口消费水平影响因素分析[*]

在前面研究的基础上,本章将分析个体特征、家庭支持与社会保障等因素对老年人消费水平产生的影响,其中包括收入、年龄、教育水平等。每个层面的各种因素归根结底是通过改变消费观念或调节可支配收入水平最终作用于消费行为,即老年人"想消费"并且"能消费"。

第一节 研究假设与研究设计

一 研究假设

首先,收入是老年人"能消费"的必要前提。其次,年龄即老年人的出生年代及生活的时代决定了消费观念,老年时期的收入相较于中年时期会发生变化,退休亦是如此,除即期收入变动外,退休后生活环境的变化也可能使消费观念发生转变。一方面,教育对收入具有正向作用,教育程度越高,收入可能越高;另一方面,教育对消费观念的形成具有不可替代的作用,教育水

---

[*] 本章部分核心内容已发表于《人口研究》,详见石贝贝《我国城乡老年人口消费的实证研究——兼论"退休—消费之谜"》,《人口研究》2017年第3期。

平影响老年人的消费观念。老年人从事的职业也具有相似的作用，不同类型职业老年人的收入可能各有高低。除此之外，不同职业所提供的工作环境也造就了不同的消费观念，这种观念可能对退休后的老年人产生持续的影响。虽然关于社交活动对老年人消费影响的研究不多，但本书认为积极的社交活动有助于带动老年人消费。再者，老年人生理机能随着年龄增长逐步退化，从而面临罹患疾病的高风险，出于预防性储蓄动机，老年人可能选择减少消费、增加储蓄，而医疗保险可以在一定程度上弱化这种预防动机的影响。受遗赠动机的影响，家庭支持也影响老年人的消费行为，子辈对老年人的经济支持会促进老年人消费，而老年人对孙辈和子辈的遗赠也有利于提高其消费水平。两种动机都通过作用于老年人的可支配收入而间接影响消费水平。消费观念与可支配收入两个因素又分别对城镇、农村老年人的消费行为产生不同影响。

综上分析，本书假设：①具有优势个体特征的老年人的消费水平更高，如较高的教育水平或收入水平、较好的工作、积极的社交等，虽然健康状况不佳会增加老年人的医疗开支，但本书认为身体欠佳的老年人所增加的医疗开支不敌身体较好的老年人在其他方面增加的开支。不论是为其他家庭成员提供经济帮助或照料，还是接受其他家庭成员的经济帮助或照料，家庭成员之间频繁的互动会增加老年人的消费开支。社会保障制度对老年人的消费具有保障作用，享受养老保险或医疗保险的老年人会表现较为积极的消费行为。②退休可能会对城乡老年人的消费行为产生影响（抑制或促进），但这种影响会被老年人的个体特征、家庭支持以及社会保障因素弱化，甚至不再显著影响老年人的消费水平。③由于计划生育政策，城镇老年人拥有的孩子数量不多，但与其相关的福利制度更为完善,因此,城镇老年人对社会的依赖程度更高,故假设城镇老年人从事的职业和其享有的社会保障等因素对其消费的影响更为显著。而在社会保障制度尚未完善的农村,老年人依赖家庭支持的程度更高,且农村家庭可能拥有比城镇家庭更多的孩子数量,本书认为,家庭支持会对农村老年人的消费行为产生更多影响。

二 指标选取与变量描述

本书以老年人的消费水平为因变量,自变量包括个体特征、家庭支持与社会保障三类,其中个体特征包含老年人的收入、户籍、年龄、是否退休、教育程度、健康状况(患慢性病数目)、社交活动、工作类型、有无伴侣、家庭属性;家庭支持主要从经济支持与提供照料两方面考察,经济支持包括与父辈、子辈、孙辈及其他亲朋之间相互的经济支持,提供照料则包括为子女和父母提供照料,例如帮助子女照看孙子女或重孙子女、照看父母和岳父母(或公公婆婆)等;社会保障主要通过老年人参加的养老保险与医疗保险来考察(见表5-1)。

表 5-1 城乡老年人口消费水平影响因素回归主要变量描述

变量名称		变量类型	变量编码
因变量			
消费		连续型变量	
自变量			
个体特征	收入	连续型变量	
	户籍	二分类变量	1=农村; 2=城镇

续表

变量名称		变量类型	变量编码
个体特征	年龄	七分类变量	1＝60~64岁； 2＝65~69岁； 3＝70~74岁； 4＝75~79岁； 5＝80~84岁； 6＝85~89岁； 7＝90岁及以上
	是否退休	二分类变量	0＝未退休； 1＝已退休
	教育程度	五分类变量	1＝小学以下； 2＝小学； 3＝初中； 4＝高中或中专； 5＝大专及以上
	慢性病	五分类变量	0＝无慢性病； 1＝患1种慢性病； 2＝患2种慢性病； 3＝患3种慢性病； 4＝患4种及以上慢性病
	社交活动	四分类变量	0＝无社交活动； 1＝参加1项； 2＝参加2项； 3＝参加3项及以上
	工作类型	八分类变量	1＝政府部门； 2＝事业单位； 3＝非营利组织； 4＝企业； 5＝个体户； 6＝为农户工作； 7＝为居民户工作； 8＝其他
	有无伴侣	二分类变量	0＝无伴侣； 1＝有伴侣
	家庭属性	二分类变量	0＝纯老家庭； 1＝有老家庭

续表

变量名称		变量类型	变量编码
家庭支持	接受家庭成员的经济支持		
	父辈	连续型变量	
	子辈	连续型变量	
	孙辈	连续型变量	
	其他亲朋	连续型变量	
	为家庭成员提供经济支持		
	父辈	连续型变量	
	子辈	连续型变量	
	孙辈	连续型变量	
	其他亲朋	连续型变量	
	为家庭成员提供照料		
	子女	连续型变量	
	父母	连续型变量	
社会保障	参加养老保险	三分类变量	0=未参加； 1=参加1种； 2=参加2种及以上
	参加医疗保险	三分类变量	0=未参加； 1=参加1种； 2=参加2种及以上

第二节　中国城乡老年人口消费水平的影响因素回归分析

前文主要分析了老年人口消费水平及消费结构的特征，这一部分将考虑老年人口的个体特征、家庭支持以及社会保障等因素对消费水平产生的影响。为了考察消费水平的时期变动因素，本书将两期数据分别标记年份后再合并作回归分析。本书对比了城镇、农村与城乡总体老年人口消费影响因素的差异，首先对影消费水平的各因素进行单因素方差分析，考察每个因素在不同水平下对城乡老年人口消费水平的影响；其次利用多元回归分析检验多个因素对城乡老年人口消费水平的影响，具体来说，通过依次加入老年人口个体特征、家庭支持与社会保障因素进行检验并对比分析。城乡老年人口消费水平的影响因素对比如表5-2所示。

表5-2 城乡老年人口消费水平的影响因素对比

影响因素	单因素方差分析			多元回归分析		
	总样本	城镇	农村	总样本	城镇	农村
收入	0.28***	0.32***	0.18***	0.15***	0.24***	0.057***
户籍（参照组：农村）						
城镇	0.174***	—	0.043*	—	—	—
年龄（参照组：60~64岁）						
65~69岁	-0.022+	-0.051	-0.020	-0.027+	-0.055	-0.011
70~74岁	-0.027+	-0.057+	-0.034+	-0.046**	-0.086*	-0.03+
75~79岁	-0.032+	-0.069+	-0.036*	-0.054***	-0.121***	-0.035*
80~84岁	-0.015	0.011	-0.046**	-0.029*	-0.022	-0.044**
85~89岁	-0.019	-0.033	-0.015	-0.031*	-0.05+	-0.021
90岁及以上	-0.023+	-0.032	-0.022	-0.02	-0.023	-0.016
是否退休（参照组：未退休）						
已退休	0.18***	0.11***	0.15***	0.043*	0.019	-0.005
教育程度（参照组：小学）						
小学以下	-0.041***	-0.044	-0.019	-0.019	-0.006	-0.013
初中	0.052***	0.051	0.023	-0.008	-0.008	-0.017
高中或中专	0.068***	0.046***	0.019	-0.011	-0.041	0.006
大专及以上	0.20***	0.22***	0.13***	0.124***	0.143***	0.1***
慢性病（参照组：无慢性病）						
1种	-0.001	-0.034	-0.002	0.008	-0.026	0.024
2种	0.002	-0.031	-0.002	0.005	-0.035	0.026
3种	-0.015	-0.040	-0.019	-0.006	-0.029	0.008
4种及以上	0.026+	0.14	-0.001	0.011	-0.008	0.013

续表

影响因素	单因素方差分析			多元回归分析		
	总样本	城镇	农村	总样本	城镇	农村
社交活动（参照组：无社交活动）						
1项	0.05***	0.08**	0.04**	0.023	0.043	0.014
2项	0.37**	0.04	0.01	-0.019	-0.024	-0.02
3项及以上	0.13***	0.11**	0.12***	0.041**	0.012	0.047**
工作类型（参照组：政府部门）						
事业单位	0.005	-0.001	0.004	-0.013	-0.014	-0.007
非营利组织	0.05***	0.12***	-0.005	0.046***	0.111***	-0.009
企业	0.046**	0.094**	0.015	0.031*	0.08**	0.001
个体户	-0.10***	-0.08*	-0.038*	-0.079***	-0.036	-0.085***
为农户工作	-0.020	-0.02	-0.012	-0.020	-0.024	-0.016
为居民户工作	-0.007	-	0.004	-0.001	-	0.004
其他	-0.009	-	-0.001	-0.012	-	-0.011
有无伴侣（参照组：无伴侣）						
有伴侣	0.021+	0.039	0.001	-0.037**	-0.013	-0.041*
家庭属性（参照组：有老家庭）						
纯老家庭	0.126***	0.142***	0.12***	0.083***	0.09**	0.051**
调查年份（参照组：2011年）						
2013年	0.08***	-0.016	0.18***	0.047*	0.001	0.076***
接受经济帮助						
父辈	0.009	-0.003	0.012	-0.010	-0.015	0.006
子辈	0.19***	0.13***	0.24***	0.095***	0.08**	0.093***
孙辈	0.073***	0.18***	0.032+	0.056***	0.176***	-0.006
其他亲朋	0.041**	0.001	0.12***	0.005	-0.005	0.017
提供经济帮助						
父辈	0.074***	0.052+	0.085***	0.032*	0.021	0.036*
子辈	0.29***	0.024	0.40***	0.221***	-0.018	0.34***
孙辈	0.043**	0.020	0.056**	0.007	0.004	0.017
其他亲朋	0.063***	0.022	0.149***	0.022+	-0.001	0.069***
提供照料						

续表

影响因素	单因素方差分析			多元回归分析		
	总样本	城镇	农村	总样本	城镇	农村
子女	0.026+	0.036	0.004	0.016	0.021	0.002
父母	-0.008	-0.021	-0.004	-0.009	-0.021	-0.005
参加养老保险（参照组：未参加）						
1 种	0.067***	-0.027	0.148***	0.003	-0.031	0.059*
2 种及以上	0.083***	0.021	0.134***	0.023	0.003	0.053**
参加医疗保险（参照组：未参加）						
1 种	0.044**	0.071+	0.049**	0.027+	0.015	0.034*
2 种及以上	0.059***	0.067+	0.044*	0.034*	0.041	0.021

注：①回归系数为标准化的结果，用以比较自变量对因变量影响程度大小。
②*** 表示在 0.001 的水平上显著，** 表示在 0.01 的水平上显著，* 表示在 0.05 的水平上显著，+表示在 0.1 的水平上显著。

根据表 5-2 的检验结果，不论是城镇还是农村，家庭成员均为 60 岁及以上纯老家庭的消费水平显著高于有老家庭，即受访家庭中，60 岁及以上老年人口的消费水平高于其他家庭成员。此外，控制个体特征变量会缩小城乡有老家庭与纯老家庭之间的消费差异，但家庭支持与社会保障变量的加入不足以对其产生影响。

一 个体特征检验结果分析

收入对老年人口消费具有促进作用，收入增加，老年人口会相应增加消费。不论是城镇还是农村，这种作用都是显著的，且对城镇的影响更大。控制其他变量后，会挤压农村老年人口消费的收入效应，但对城镇的影响相对较小。不难理解，在经济条件允许即"能消费"的条件下，老年人口都会选择消费。而城乡之间的差异则是由消费观念差异引起的，城镇老年人口更"想消费"。

老年人口的消费水平会随着年龄的增长而降低，即消费的年龄效应,"年轻"老人比"老"老人更愿意消费,回归结果的显著性并不高。倘若抛开回归结果中统计学上的显著性问题,假设老年人口消费的确存在年龄效应我们也不必担心。事实上,城乡老年人口的消费行为表现出明显的年龄特征,也就是说同一代人会具有相似的消费行为。静态来看,高龄老年人口的消费水平确实会低于低龄老年人口;而动态来看,根据棘轮效应,人的消费习惯会持续。随着世代更替,当中年人变为老年人,这个过程会持续带动老年人口消费水平的提升。消费随年龄增长而降低是相对的,而其随时间推移而增长才是绝对的。随着时代的进步,老年人口的消费需求会呈现更加多样化的特征。从这个角度看,老年人口更迭会促进消费水平提升,尤其是当我国历史上三次生育高峰时的出生人口进入老年,更是会带来未来消费的激增。

老年人口教育水平的提高对其消费水平的提升起了助推的作用,且教育水平越高,这种推动作用越大。可惜的是,在分别分析城镇与农村的影响时,结果的显著性不够理想,表现为较低教育水平(大专以下)的老年人口的消费水平之间的差异不显著,控制其他变量后,结果变得更差,且城镇表现得更为明显,但是这并不影响较高教育水平(大专及以上)对老年人口消费的积极促进作用。社会行为不仅取决于社会情境,还取决于人们如何对其进行主观建构,我们的文化有助于定义我们的情境,也帮助教育塑造人们的消费行为。不同教育程度的老年人口会有各自的主观建构,从而造成受教育水平高的老年人口的消费水平会相对更高,且消费结构也更偏向发展型与享受型消费。结合回归结果,如果能有更多城乡老年人口达到较高的教育水平,老年人口的消费水平将实现质的提升。当然,单纯为了提高老年人口的消费水平而去追加老年人口的教育水平反而会本末倒置,从丰富老年人口的晚年生活的角度考虑，加强针对老年人口的教育培训则是一种两全其美的选择。心理学家发现年轻人在各种学习任务上都比老年人做得更好[1]，但很明显这是不准确的，因为老年人是会学习的，他们能够适应环境且能够应对没有经历过的新环境。有研究建议，当有更多时间来检查任务时，年轻人与老年人都能从学习中受益；当有更多时间来学习时，老年人甚至比年轻人受益更多。

通常而言，老年人健康状况欠佳会增加老年人医疗保健方面的相关开支，患有慢性病的种类数越多，对老年人消费水平提高的作用越大。由单因素方差分析结果可知，在城镇中患有4种及以上慢性病的老年人的开支明显增加。控制其他变量后，老年人的健康状况对消费水平的影响被挤压且不显著，尤其在城镇，老年人的健康状况差反过来会削弱其消费水平。也就是说，虽然健康状况不好的老人会增加相关医疗保健的支出而提升其消费水平，但健康状况较好的老年人在其他方面的开支会更多。另一种解释是，尽管老年人发生慢性病的概率较高，但大多数并不认为这会妨碍他们的日常活动。

老年人积极参与社交活动能够显著提升其消费水平，参与多种社交活动对老年人消费水平具有明显提振作用。加入其他变量后，老年人参与社交活动对消费水平的提振作用的显著水平有所降低，农村老年人参与多项社交活动（3项及以上）仍会对消费水平起推动作用，然而城镇老年人参与社交活动对消费水平的影响变得不再显著，且影响作用也明显减小。本书认为城镇老年人

---

[1] Bosworth, H. B., Schaie, K. W., "Survival Effects in Cognitive Function, Cognitive Style, and Socio-Demographic Variables in the Seattle Longitudinal Study," *Experimental Aging Research*, 1999, 25 (2).

既有消费水平是基于其现有生活方式形成的,其消费观念相较来说已经十分有利于消费水平的提升,因此在综合考虑城镇老年人口消费水平的影响因素时,参与社交活动所体现出来的积极效果变得不再突出,而农村老年人口参与社交活动对消费的推动作用应当给予重视。

曾经就职于非营利组织(如社团、协会、学会等)、企业的老年人的消费水平会比政府部门工作的老年人显著更高,为农户、居民户工作的老年人比在政府部门工作的老年人消费水平要低,且这种差异并不显著。在城镇老年人中,在非营利组织或企业工作的老年人的消费水平显著高于政府部门工作人员;在事业单位工作、为农户工作、作为个体户工作的老年人的消费水平比政府部门低,且依次越来越低,在统计上并不显著。除个体户外,从事不同工作的农村老年人的消费水平不存在显著差异。这可能是由城乡老年人本身从事职业的差异造成的,城镇与农村老年人的职业选择各有侧重。除城乡二元结构背景下的老年人消费观念差异外,总体来看在政府部门或大规模企业供职更有利于促进消费增长。

有同居伴侣的老年人比没有同居伴侣的老年人的消费水平更高,且在城镇的效用更明显。但是控制其他变量后,有伴侣的老年人消费水平低于没有伴侣的老年人,但这种影响在城镇不显著。总体来看,有无伴侣对老年人消费的影响类似于规模经济现象,即家庭成员增加,消费支出相当于家庭运作的成本会下降。

2013年老年人的消费水平比2011年显著增长,但城镇老年人的消费水平的增长并不显著。排除数据本身的原因,分析认为可能是城镇老年人的消费水平增长有限,在短期内增长幅度不能体现。

二 "退休-消费"之谜

CHARLS 的数据涵盖尚未退出劳动力市场和已经退出劳动力市场两类人群，因此我们可以对比其退休前和退休后的消费水平变动，本书兼论中国城乡老年人口的"退休-消费"之谜。在界定退休时，CHARLS 问卷中设定"您是否已经退休或者退职"的问题来收集受访者的退休信息，并对应中国城镇职工退休规定，即从政府部门、事业单位、企业等退休，而家户农业劳动者未在此列。2009 年实行的新型农村社会养老保险规定年满 60 岁、未享受城镇职工基本养老保险待遇的农村户籍老年人可以按月领取养老金，因此为了将老年人口全部纳入在列，本书界定的退休还包括领取农业养老保险的"退休"，即开始领取养老保险代表已经退休。基于此来讨论我国"退休-消费"之谜，即退休行为的发生是否会引起消费水平的变动。

从回归结果来看，退休行为对消费水平具有积极影响，与"退休-消费"之谜的结论恰好相反，也就是说退休后消费水平会有所提升。退休行为的发生对农村人口的影响程度略大于对城镇人口的影响。此外，本书将 60 岁及以上老年人口作为分析样本后得到的回归结果显示，退休对 60 岁及以上老年人口消费水平的提振作用更为明显，但这种影响表现的城乡差异也更大，退休行为的发生对城镇老年人口的消费水平的提高作用很小。在控制个体特征的变量后，退休行为对消费水平的影响明显减弱，且农村人口消费水平退休效应的显著性降低，城镇则变得不显著。继续控制家庭支持变量，退休效应并未增强，且依旧在城镇不显著。如果将社会保障变量纳入模型，消费的退休效应仅体现在全样本上，城镇与农村均不显著，不但如此，退休对农村人口消费的影响甚至由正转为负。总的来说，本书认为退休行为的发生会对消费产生微弱影响，但考虑其他变量之后，退休效应则不显著，也就是说城乡二元结构下的"退休-消费"之谜并不存在，而城乡消费水平会因退休行为的发生而提升，即使这种作用很小，也是不可小觑的。

三 家庭支持因素检验结果分析

家庭支持包括得到与提供给父辈、子辈、孙辈以及其他亲朋的经济帮助以及为父母或子女提供的照料，除接受父母的经济帮助与为父母提供照料两种代际支持外，其余互动都相对显著促进老年人消费的增长。控制其他变量后，城镇与农村的结果不尽相同，老年人与子辈之间的互动较为密切，老年人消费水平的提升都大多依赖子辈提供的经济帮助，不同的是，城镇老年人还会依赖孙辈提供的经济帮助。值得注意的是，农村老年人为父辈、子辈或其他亲朋提供经济帮助也会显著促进其消费水平的提高，而城镇老年人口的消费水平并未体现如此特征。不论是城镇还是农村老年人，为父母或孩子提供照料都不能显著增加其消费，这可能是受其他变量挤压所致。事实上，这种不显著关系与我国目前家庭代际互动模式不无关系，在经济增长、城镇化扩大的过程中，广义上的家庭成员之间的互动越来越少，仅有关系密切的父辈与子辈的互动还较为密切，但两者之间互动更多局限为相互提供经济帮助，为父母或子女提供照料的互动往往身不由己、力不从心。尽管多项家庭支持因素的回归结果不显著，至少其对老年人的消费不论是大是小都是积极的，未来增强家庭内部互动不仅有利于扩大消费，也对家庭发展具有非凡意义。

四　社会保障因素检验结果分析

对于老年人来说，养老保险与医疗保险是社会保障体系中最为重要的两类保险，它们的保障作用对老年人口的消费增长是有益的，且享受多种养老保险或医疗保险会增强这种效用。然而对于城镇老年人口来说，养老保险对其消费的作用并不显著，并且如果只享受一种养老保险对消费反而产生抑制作用。综合考虑老年人消费的影响因素的话，社会保障因素所产生的影响并不大且多数不显著，尤其是城镇。这种结果与研究假设大相径庭，有一种可能是由于样本有限，已有样本不能涵盖城镇老年人口所有可能涉及的相关特征。排除这种可能性后，城镇老年人口的消费增长之所以不受社会保障的影响，多半是因为城镇老年人口本身的消费行为已成型，享受养老或医疗保险与否不足以决定其是否增减消费开支。而农村老年人口对家庭支持的依赖有限，社会保障成为老年生活的重要构成，其消费水平的增长会因社会保障的完善而有所提高。

五　结论

研究结果接受了假设①和假设②，但拒绝了假设③。总的来说，拥有优势的个体特征的老年人消费水平会更高。提高老年人的收入、加强对老年人的教育培训、丰富老年人的社交活动、提高老年人的身体素质等均有助于促进老年人消费。然而从城乡对比结果来看，城镇老年人口消费水平的影响因素比农村相对较少，本书认为城镇老年人口的消费观念发挥了重要作用，当老年人"想消费"时，个体特征的差别变得不那么重要，而强化家庭支持、完善社会保障制度是必要且有意义的。由于在综合考虑城乡老年人口消费水平的模型中，多数对城乡老年人消费水平差异显著影响的变量都变得显著，以缩小城乡差距为目的的统筹城乡发展的意义是广泛而深刻的。

第三节　本章小结

本章对老年人口消费水平的影响因素分析发现，不论是个体特征，还是家庭支持或社会保障都对老年人口消费水平产生显著影响，这有助于认识和开发老年人口的消费潜力。但是在城乡二元结构背景下，诸因素对农村老年人口消费水平的提高更为显著，因此我们不能忽视消费观念对城镇老年人口的影响作用，让老年人"想消费"很关键。研究还发现，我国并不存在"退休-消费"之谜，统筹城乡发展会促进消费的退休正效应。本书认为，推动老年人口消费增长可以通过提高收入、提高教育水平、完善社会保障制度等途径实现，既让老年人"想消费"，又保障老年人"能消费"。除此之外，统筹城乡发展、破除城乡二元结构的体制障碍为缩小城乡差距、增加老年人口消费提供强有力的动能，促进城乡老年人口消费协调发展。本书还建议从供给侧改革角度着手，鼓励市场提供能够满足老年人口衣食住行，涵盖精神的、物质的以及文化等各方面需求的老年产品与服务，让老年人享受有尊严的晚年生活。我们应当认识到，老年只是生命历程中的一个阶段，不能将老年人口看作一个特殊的人群，更不能将偏见强加于这个群体。

第六章 中国城乡老年人口消费结构影响因素分析[*]

上一章研究了城乡老年人口消费水平的影响因素，本章将分析城乡老年人口消费结构的影响因素，并将老年人口消费结构分为基本需求型消费与自我实现型消费。基本需求型消费是指老年人为满足个人生活的物质产品需要，结合老年人消费特征，这里包括老年人的食品支出与医疗保健支出；自我实现型消费是指老年人对教育、文化、艺术等为了享受与发展而追求的精神生活需要，这里具体包括老年人的交通和通信以及教育、文化和娱乐方面的开支。

第一节 研究假设与研究设计

一 研究假设

在考察老年人基本需求型消费与自我实现型消费的影响因素时，同样考虑了包括收入、年龄、教育水平等因素。老年人在基本需求型消费与自我实现型消费上的开支受个体特征、家庭支持与社会保障三个层面因素的影响，本书假设每种因素对老年人消费支出

---

[*] 本章部分核心内容已发表于《西南民族大学学报》（人文社会科学版），详见杨成钢、石贝贝《中国老年人口消费的影响因素分析》，《西南民族大学学报》（人文社科版）2017年第7期。

的影响机制与上一章中所分析的总体一致。不同的是，每个变量对老年人基本需求型消费与自我实现型消费的作用程度各有差异。例如，收入分别会对老年人基本需求型消费和自我实现型消费产生影响，然而当收入提高到一定水平时，老年人在基本需求型消费上的开支不会再增加，而自我实现型消费开支会明显增加，分城乡考察的话，一般认为城镇老年人口的收入水平更高，因此收入对城镇老年人自我实现型消费开支的影响更显著。同样，家庭支持对老年人基本需求型消费的作用在城镇和农村地区是有差别的，由于家庭内财富代际流动的交换性动机的存在，子女的经济状况与其对父母的经济支持或提供的生活照料表现相同的变动方向，如果农村老年人口收入水平或资产水平低于城镇，那么家庭支持对农村老年人口的基本需求型消费影响更为显著，而对城镇老年人口自我实现型消费的影响更为显著。当然，社会保障的存在会对代际支持产生挤出效应，在城镇与农村地区也会产生不同的影响。因此，本书假设如下：④基本生活保障型变量即家庭支持和社会保障对老年人基本需求型消费的影响更为显著，且在农村地区这种影响更为明显；⑤不同的个体特征对老年人两种类型消费的影响存在差别，例如老年人的教育水平与老年人社交活动对城镇老年人口自我实现型消费的影响更显著；⑥不论是基本需求型消费还是自我实现型消费均不存在"退休-消费"之谜，退休行为的发生产生了更多的闲暇时间，老年人有条件去增加基本需求型消费与自我实现型消费。

二 指标选取与变量描述

本章选取老年人的基本需求型消费与自我实现型消费作为因变量，自变量依旧从老年人的个体特征、家庭支持与社会保障三个方面予以考察（见表6-1）。

表 6-1 城乡老年人口消费结构影响因素回归主要变量描述

变量名称		变量类型	变量编码
因变量			
基本需求型消费		连续型变量	
自我实现型消费		连续型变量	
自变量			
个体特征	收入	连续型变量	
	年龄	七分类变量	1＝60~64岁； 2＝65~69岁； 3＝70~74岁； 4＝75~79岁； 5＝80~84岁； 6＝85~89岁； 7＝90岁及以上
	是否退休	二分类变量	0＝未退休； 1＝已退休
	教育程度	五分类变量	1＝小学以下； 2＝小学； 3＝初中； 4＝高中或中专； 5＝大专及以上
	慢性病	五分类变量	0＝无慢性病； 1＝患1种慢性病； 2＝患2种慢性病； 3＝患3种慢性病； 4＝患4种及以上慢性病
	社交活动	四分类变量	0＝无社交活动； 1＝参加1项； 2＝参加2项； 3＝参加3项及以上
	工作类型	八分类变量	1＝政府部门； 2＝事业单位； 3＝非营利组织； 4＝企业； 5＝个体户； 6＝为农户工作； 7＝为居民户工作； 8＝其他
	有无伴侣	二分类变量	0＝无伴侣； 1＝有伴侣

续表

变量名称		变量类型	变量编码
家庭支持	接受家庭成员的经济支持		
	父辈	连续型变量	
	子辈	连续型变量	
	孙辈	连续型变量	
	其他亲朋	连续型变量	
	为家庭成员提供经济支持		
	父辈	连续型变量	
	子辈	连续型变量	
	孙辈	连续型变量	
	其他亲朋	连续型变量	

变量名称		变量类型	变量编码
家庭支持	为家庭成员提供照料		
	子女	连续型变量	
	父母	连续型变量	
社会保障	参加养老保险	三分类变量	0=未参加； 1=参加1种； 2=参加2种及以上
	参加医疗保险	三分类变量	0=未参加； 1=参加1种； 2=参加2种及以上

第二节 中国城乡老年人口基本需求型消费的影响因素回归分析

本书首先对影响城乡老年人口基本需求型消费的影响因素进行单因素方差分析，考察每个因素在不同水平下对城乡老年人口基本需求型消费的影响，然后综合考虑老年人口的个体特征、家庭支持与社会保障三类因素对城乡老年人口基本需求型消费的影响，城乡老年人口基本需求型消费的影响因素对比如表6-2所示，其中Ⅰ列为单因素方差分析结果，Ⅱ列为综合回归结果。

表6-2 城乡老年人口基本需求型消费的影响因素对比

影响因素	总样本 Ⅰ	总样本 Ⅱ	城镇 Ⅰ	城镇 Ⅱ	农村 Ⅰ	农村 Ⅱ
收入	0.22*** (0.203)	0.17*** (0.158)	0.33*** (0.302)	0.33*** (0.298)	0.10*** (0.082)	0.06** (0.047)
年龄（参照组：60~64岁）						
65~69岁	177.6 (0.008)	126.0 (0.005)	-34.4 (-0.001)	20.6 (0.001)	4.6 (0.002)	71.3 (0.003)
70~74岁	-114.9 (-0.004)	-356.2 (-0.013)	-551.9 (-0.018)	-1455.9 (-0.046)	-395.7 (-0.016)	-297.5 (-0.012)
75~79岁	-850.9+ (-0.027)	-1102.8* (-0.034)	-812.7 (-0.022)	-2282.8+ (-0.063)	-1375.6** (-0.047)	-1342.5* (-0.045)
80~84岁	-941.5 (-0.021)	-1174+ (-0.026)	-24.9 (0.0005)	-2184.4 (-0.043)	-1734.7* (-0.041)	-1532.8* (-0.037)
85~89岁	-1476.4 (-0.019)	-2222.5* (-0.030)	-2433.6 (-0.024)	-7867.2 (-0.043)	-1378.4 (-0.021)	-1596.2 (-0.024)
90岁及以上	-2949.6 (-0.021)	-1823.2 (-0.013)	-4467.6 (-0.025)	-719.3 (-0.004)	-2783.4 (-0.022)	-1715.9 (-0.013)
是否退休（参照组：未退休）						
已退休	3804*** (0.189)	1215.7** (0.061)	4390*** (0.123)	1085.9 (0.031)	3082*** (0.167)	-346.9 (-0.019)
教育程度（参照组：小学）						
小学以下	-692.8* (-0.034)	-462.9 (-0.023)	-2174.8+ (-0.074)	-886.4 (-0.031)	-300.1 (-0.016)	-118.7 (-0.006)
初中	1500.9*** (0.049)	192.1 (0.006)	1254.6 (0.041)	-224.4 (-0.007)	540.2 (0.017)	-172.6 (-0.006)
高中或中专	3258.1*** (0.073)	338.8 (0.008)	1337.4 (0.040)	-1733.8 (-0.052)	2110.0+ (0.032)	1529.1 (-0.006)
大专及以上	8103.5*** (0.108)	3821.7*** (0.051)	4238.9** (0.093)	29.2 (0.001)	31501*** (0.13)	25665*** (0.023)
慢性病（参照组：无慢性病）						

续表

影响因素	总样本 I	总样本 II	城镇 I	城镇 II	农村 I	农村 II
1 种	62.6 (0.003)	406.3 (0.018)	−650.0 (−0.022)	−74.5 (−0.003)	73.5 (0.003)	587.3 (0.102)
2 种	−238.2 (−0.009)	15.68 (0.001)	−1179.4 (−0.038)	−885.9 (−0.029)	−336.4 (−0.014)	286.1 (0.029)
3 种	89.5 (0.028)	588.8 (0.018)	669.1 (0.018)	1954.8 (0.051)	−446.9 (−0.015)	434.2 (0.012)
4 种及以上	717.7 (0.020)	717.3 (0.020)	1424.4 (0.038)	1146.6 (0.030)	−268.2 (−0.008)	394.1 (0.015)
社交活动（参照组：无社交活动）						
1 项	840.7** (0.040)	166.3 (0.008)	1020.5 (0.038)	−145.2 (−0.005)	742.9* (0.038)	204.3 (0.011)
2 项	1212.1** (0.041)	−370.6 (−0.012)	1202.4 (0.038)	−880.2 (−0.028)	451.7 (0.015)	−577.7 (−0.020)
3 项及以上	5554.9*** (0.115)	2241.9*** (0.047)	4868.8*** (0.111)	−312.3 (−0.007)	4831.9*** (0.093)	2616.9** (0.050)
工作类型（参照组：政府部门）						
事业单位	421.9 (0.003)	−1163.9 (−0.009)	−804.5 (−0.007)	−1286.9 (−0.011)	763.6 (0.005)	−1031.1 (−0.006)
非营利组织	20990*** (0.067)	14657*** (0.047)	52519*** (0.19)	52776*** (0.188)	−323.7 (−0.001)	−9016+ (−0.028)
企业	224.3 (0.003)	−779.6 (−0.009)	769.9 (0.008)	−615.6 (−0.007)	−977.9 (−0.011)	−1985.6 (−0.021)
个体户	−1320*** (−0.065)	−1371*** (−0.068)	−1929.6+ (−0.06)	−1810.2 (−0.053)	−108.2 (−0.006)	−956.4* (−0.051)
为农户工作	−3413.9 (−0.020)	−3310.9 (−0.019)	−5276.4 (−0.02)	−4629.8 (−0.020)	−2065.2 (−0.013)	−2626.1 (−0.016)
为居民户工作	−703.9 (−0.003)	561.6 (0.002)	—	—	2703.1 (0.011)	2878 (0.011)
其他	−1423.8 (−0.007)	−2438.9 (−0.012)	—	—	313.6 (0.002)	−1717.7 (−0.010)
有无伴侣（参照组：无伴侣）						

续表

影响因素	总样本 I	总样本 II	城镇 I	城镇 II	农村 I	农村 II
有伴侣	699.8* (0.033)	−390.3 (−0.018)	1673.4+ (0.059)	181.4 (0.006)	318.6 (0.008)	−7142* (−0.037)
调查年份（参照组：2011年）						
2013年	3258*** (0.156)	3102*** (0.149)	1817.1+ (0.057)	3424.4** (0.11)	4300.1*** (0.231)	3128.1*** (0.168)
接受经济帮助						
父辈	0.19 (0.009)	−0.22 (−0.010)	−0.05 (−0.003)	−0.35 (−0.024)	0.52 (0.013)	0.28 (−0.007)
子辈	0.21*** (0.140)	0.13*** (0.088)	0.28*** (0.16)	0.15** (0.085)	0.19*** (0.14)	0.13*** (0.094)
孙辈	1.92*** (0.096)	1.73*** (0.087)	7.93*** (0.309)	7.64*** (0.30)	0.51+ (0.003)	0.35 (−0.019)
其他亲朋	0.11* (0.034)	0.005 (0.001)	0.016 (0.007)	−0.06 (−0.025)	0.58*** (0.087)	0.12 (0.018)
提供经济帮助						
父辈	0.97*** (0.079)	0.56** (0.046)	0.61* (0.075)	0.47+ (0.058)	1.73*** (0.077)	0.61+ (0.027)
子辈	0.009*** (0.051)	−0.002 (−0.012)	0.01 (0.020)	−0.01 (−0.013)	0.008*** (0.060)	0.001 (0.009)
孙辈	0.18** (0.038)	0.03 (0.007)	0.06 (0.021)	0.0001 (0.006)	0.48* (0.046)	0.07 (0.007)
其他亲朋	0.20*** (0.056)	0.05 (0.014)	0.003 (0.002)	−0.05 (−0.023)	1.23*** (0.154)	0.55*** (0.069)
提供照料						
子女	0.01** (0.037)	0.01+ (0.026)	0.015* (0.067)	0.007 (0.032)	0.002 (0.004)	−0.001 (−0.002)
父母	−0.13 (−0.010)	−0.13 (−0.009)	−0.48 (−0.026)	−0.39 (−0.021)	−0.07 (−0.005)	−0.05 (−0.004)
参加养老保险（参照组：未参加）						
1种	2475.4*** (0.123)	−69.7 (−0.003)	509.4 (0.019)	−985.3 (−0.037)	3366.1*** (0.183)	1055.6+ (0.057)

续表

影响因素	总样本 I	总样本 II	城镇 I	城镇 II	农村 I	农村 II
2种及以上	4632.9*** (0.078)	631.7 (0.011)	5159.4+ (0.056)	1641.8 (0.018)	5292*** (0.102)	1966.3* (0.038)
参加医疗保险（参照组：未参加）						
1种	1527.1* (0.038)	351.2 (0.009)	2835.5+ (0.066)	−251.4 (−0.006)	1659.4* (0.042)	731.9 (0.018)
2种及以上	4430.1** (0.057)	1929.7 (0.025)	6493.2* (0.091)	3337.9 (0.046)	3158.1* (0.037)	947.3 (0.011)

注：①回归系数下方的括号内为标准化的回归系数，用以比较自变量对因变量影响程度大小。

②*** 表示在0.001的水平上显著，** 表示在0.01的水平上显著，* 表示在0.05的水平上显著，+表示在0.1的水平上显著。

从回归结果来看，不论是老年人的个体特征、家庭支持，还是社会保障都对老年人基本需求型消费产生了不同程度的影响，单因素方差分析与综合所有变量的回归结果也各不相同，一些单因素方差分析显著的变量在综合模型中变得不显著，如参加养老保险和参加医疗保险，而综合模型中对老年人口基本需求型消费有显著影响的一些变量可能在单因素方差分析中影响并不明显。每个变量对老年人口基本需求型消费的影响机制以及分别对城乡老年人口基本需求型消费的影响分析具体如下。

一 个体特征检验结果分析

收入对老年人基本需求型消费表现强显著性，收入增加会明显增加老年人的基本需求型消费，且城镇地区影响大于农村地区。收入对老年人口基本需求型消费的影响会因为加入其他变量而变弱，但是这种削弱作用在城镇表现不明显，而对农村地区的削弱程度更大。本书认为，当收入增加时，城镇老年人口会增加其在食品、医疗保健方面的开支，而农村老年人口则选择只拿出较少部分去消费。本书认为这种差异是由城乡老年人口消费观念不同引起的，城镇老年人口具有更为强烈的消费倾向。

随着年龄增长，老年人基本需求型消费有降低趋势，低龄老年人口（65~69岁）的基本需求型消费比高龄老人（70岁及以上）更高。这种年龄效应与老年人口总消费的年龄效应差异不大，具体来说，对年龄进行单因素方差分析，老年人口基本需求型消费的年龄差异不是特别显著，而考虑了所有变量的模型的显著性略有变强，且城乡综合模型回归结果中和了城镇与农村地区的不平衡。本书认为老年人口基本需求型消费的年龄分层效应体现了同一出生队列的人的相似的社会生活模式，之所以表现因年龄变化的消费特征是因为同一年代出生的人口会共同受到宏观社会重大事件和结构变迁的影响，即队列效应（Cohort Effect）。低龄老年人口基本需求型消费高于高龄老年人也就意味着老年人口整体的基本需求型消费会随着时间更替而增长，因此我们可以说未来是老年人口消费的窗口期。

教育水平对老年人口基本需求型消费影响的单因素方差分析中，城镇与农村的两个模型均表现为大专及以上教育程度老年人口的基本需求型消费存在显著差异，城乡总样本模型中教育的单因素方差分析结果显示不同教育水平的基本需求型消费均存在显著差异，总体上教育程度越高，老年人在基本需求型消费上的开支越大。控制其他变量后的模型显示，大专及以上教育程度对老年人口基本需求型消费的影响是显著的，且城镇、农村两地区均出现随教育水平升高而消费降低的现象。然而，在城乡总样本模型中，老年人口基本需求型消费水平随教育水平升高的变动符合常理，遗憾的是依旧只有大专及以上教育程度对老年人口基本需求型消费的影响是显著的,且具有高学历老年人口对基本需求型消费的提振作用明显大于其他教育程度的老年人口。对此,我们可以从加强对老年人口的培训角度出发,老年教育的直接影响是扩大老年人口基本需求型消费,间接影响则是增加老年人口对自身健康的投资消费,实现健康老龄化。

老年人口患有慢性病对基本需求型消费的影响并不显著。从单因素方差分析结果看,农村老年人口患有多种慢性病会挤压其在基本需求型方面的消费,但城镇地区这种挤压效应并不明显,患有多种慢性病(3种、4种及以上)甚至会增加老年人基本需求型消费。控制其他变量后,结果发生了变化,农村地区老年人口患有慢性病对基本需求型消费的挤压效应不复存在。城镇地区患有2种及以下慢性病的老年人口会挤压自身基本需求型消费支出,而城乡总样本模型调和了城镇与农村地区的不均衡效应,总的来看,健康状况不好的老年人口会增加基本需求型消费,不难理解,患有多种慢性病的老年人会增加其医疗保健方面的消费以维持身体健康。除此之外,患有多种慢性病的老年人也可能增加食品开支,因为比起没有患病的老年人,他们会更加注重身体健康,而最简便易行的方法就是"吃好",通过增加食品开支是老年人身体保健的一种途径。

城乡总样本模型中,参加社交活动的单因素方差分析结果显示参加不同数量社交活动的老年人口在基本需求型消费上存在显著差异。参加社交活动越多,对老年人基本需求型消费的拉动作用越大。对城镇与农村地区分别进行单因素方差分析结果显示,参加3项及以上社交活动对消费的拉动作用才较为显著。控制其他变量后的综合模型中,城镇老年人口参加社交活动对其基本需求型消费的拉动作用不显著,且随着参加社交活动越多,这种消费水平越低。农村地区和城乡总样本的模型中，参加2项活动会抑制老年人口基本需求型消费，但参加3项及以上活动对消费的拉动作用依旧是显著的。老年人参加社交活动多多益善，串门、与朋友交往，下棋、打牌，参加有组织的社团活动和志愿者活动等都可以丰富老年人晚年生活，老年人在享受社交活动的同时实现了扩大消费的目的。

城镇地区供职于非营利组织的老年人在基本需求型消费上的开支显著高于供职于政府部门的老年人，而作为个体户工作的老年人的基本需求型消费则低于在政府部门工作的老年人，考虑其他变量的综合模型中，后者的差异变得不显著。农村地区工作对老年人基本需求型消费的单因素方差分析结果显示，不同工作对老年人基本需求型消费带来的差异不显著，且相较于在政府部门工作，每种工作对消费的影响都为负。考虑其他变量的模型中，在非营利组织工作与作为个体户工作的老年人与在政府部门工作的老年人在基本需求型消费上的差异是显著的。在城乡总样本单因素方差分析中，在非营利组织工作的老年人的基本需求型消费支出水平显著高于在政府部门工作的老年人，而作为个体户工作的老年人的基本需求型消费水平则显著低于在政府部门工作的老年人，从事其他工作的老年人在基本需求型消费上的差异并不显著。老年人的基本需求型消费在不同工作类型之间的差异一部分是由收入差异造成的，另一部分是工作环境造成的，但是这种差异在统计学上不显著。

有同居伴侣的老年人的基本需求型消费会比没有伴侣的老年人多，但是这种差异在城镇地区相对显著，而在农村地区不显著。考虑其他变量后的综合模型中，城镇地区有伴侣的老年人基本需求型消费更高，但不显著，而农村地区有同居伴侣的老年人基本需求型消费则显著减少，城乡总样本模型也表现为减少，也就是说，家庭成员增加，家庭运作成本会下降，消费支出作为家庭运作成本的一种也表现为减少。

2013年相较于2011年老年人基本需求型消费的增长是显著的，一方面可能是因为在调查数据中，2013年医疗保健费用明显增加导致的。另一方面，可以理解为老年人越来越注重身体的健康，从而会选择增加食品、医疗保健方面的开支。不管怎样，动态来看，老年人基本需求型消费随时间推移而增长的趋势是值得肯定的，其有利于老年人消费的扩大与开发。

二 "退休-消费"之谜

单因素方差分析结果显示，老年人口基本需求型消费存在退休效应。退休后，老年人口基本需求型消费不会降低，反而会增加。控制其他变量后，城镇、农村的老年人口基本需求型消费的退休效应都不显著且农村老年人口基本需求型消费的退休效应为负，即退休后其消费水平会下降。即使城镇与农村地区的综合回归模型中退休效应并不显著，但在城乡总样本模型中，退休会对老年人口基本需求型消费产生积极影响。总的来说，老年人口的基本需求型消费也不存在"退休-消费"之谜，不仅如此，退休行为的发生对老年人口基本需求型消费具有显著提振作用，尤其是在统筹城乡的基本需求型消费模型中，这种退休正效应对老年人口消费具有重要启示意义。老年人口退休后对食品、医疗保健等基本需求型消费方面的支出有所增加，可以理解为老年人更加注重健康保健，不论是增加食品开支，还是增加医疗保健开支，抑或是两者同时增加，都说明老年人增加了对自身身体健康的投资消费，闲暇时间的增加让老年人有条件更加关注自己的健康，并相应增加了其在食品和医疗保健方面的支出。

三 家庭支持因素检验结果分析

本书从家庭的代际互动角度考察家庭支持因素对老年人基本需求型消费的影响，其中包括接受和提供给父辈、子辈、孙辈以及其他亲朋的经济帮助，为父母或子女提供生活照料服务等。单因素方差分析的城镇模型中，接受父辈的经济支持与为父母提供生活照料对扩大老年人基本需求型消费的作用是负向的。农村地区模型中，仅有为父母提供生活照料变量对老年人基本需求型消费的影响是负向的。城乡总样本模型中为父母提供生活照料也会抑制老年人基本需求型消费的增长，而其余变量均会对老年人基本需求型消费产生正向影响，增加家庭之间的互动会促进老年人消费，但仅有部分变量的影响在统计学意义上是显著的，尤其是城镇地区，老年人为子辈、孙辈等提供经济帮助对其自身基本需求型消费的影响均不显著。在控制其他变量的模型中，家庭支持对老年人基本需求型消费扩大的显著性被挤压。在城镇地区，接受子辈和孙辈的经济帮助对扩大老年人基本需求型消费的影响是显著的。在农村地区，接受子辈的经济帮助，并为其他亲朋提供经济帮助对扩大农村老年人口基本需求型消费的影响是显著的。在我国传统中，家庭关系是十分密切、互动频繁的，这种互动有助于促进家庭成员的消费，除照顾父母会抑制消费外，帮助子女照顾孙子女也会带动消费增长，在模型回归结果中可以看到，老年人与孙辈之间的互动对消费的促进作用都较为显著，不论是接受孙辈的经济帮助，还是为孙辈提供经济帮助，都会促进老年人基本需求型消费增长。然而，目前形势下的家庭发展挤压了家庭其他互动对消费的推动作用，这种局面对消费增长和传统家庭关系发展的影响是值得深思的。但是，从家庭代际传递的交换性质出发，老年人与父辈或子辈之间的互动说明其与父辈或子辈经济状况相当，而需要接受父辈的经济支持或需要提供给子辈经济支持等互动行为说明老年人经济状况不佳，在这种情况下，老年人与家人之间的互动不会促进其基本需求型消费的增长。

四 社会保障因素检验结果分析

很显然，参加多种养老保险或医疗保险有助于推动老年人基本需求型消费的增长，养老保险和医疗保险在老年人的晚年生活的社会保障体系中扮演重要角色。单因素方差分析结果中，农村地区老年人享受养老保险和医疗保险对增加其基本需求型消费的影响是显著的，城镇地区影响的显著性没有农村地区强，但结果也表现出显著促进作用，且其在城乡总样本模型中表现为显著的积极作用。遗憾的是，在控制其他变量后的模型中，城镇地区享受养老保险或医疗保险的老年人在基本需求型消费上的影响不再显著，仅是农村地区老年人口享受的养老保险依旧促进基本需求型消费的增长，在城乡总样本模型中，这种积极影响同样未能显著体现。究其原因，可能是老年人基本需求型消费的刚性特征造成的，不论是否享受养老保险或医疗保险，老年人都不能改变其基本需求型消费水平，而部分农村老年人口享受的养老保险如同其固定收入一般，对农村老年人口的消费支出起着重要影响作用，因此农村老年人口享受养老保险对其基本需求型消费的增长起着显著积极作用，并不因其他因素而发生改变。

五 结论

从考虑所有变量的综合模型来看，收入对城镇基本需求型消费的影响相对较大，收入增加会促进老年人基本需求型消费的增加。老年人基本需求型消费的退休效应也十分明显，退休后老年人的消费水平增长是显著的。然而，老年人的教育程度、参加社交活动等变量对城镇老年人口基本需求型消费的影响相对较小。城镇老年人对孙辈提供经济帮助会增加其基本需求型消费水平，但这种影响是所有变量中影响最小的，且并不显著。在农村老年人口基本需求型消费的影响因素中，接受较高教育程度的（大专及以上）的老年人与接受来自子辈的经济帮助两个变量对老年人口基本需求型消费的促进作用较为显著。养老保险也起着重要积极作用，收入的作用变得不那么大，农村老年人口照顾父母或帮助子女照顾孙子女对老年人的基本需求型消费具有抑制作用，但其影响系数是所有变量中影响最小的。在城乡总体的模型中，收入对城乡老年人口基本需求型消费的影响较大，接受来自子辈、孙辈的经济帮助越多或教育水平越高，老年人基本需求型消费水平越高，退休行为的发生也对老年人口基本需求型消费起着积极推动作用。接受来自其他亲朋的经济帮助以及患有慢性病等变量对农村老年人口基本需求型消费的影响系数相对小，因此从这些角度出发扩大老年人基本需求型消费意义不大。总之，城镇地区老年人基本需求型消费更多依赖于收入，而农村地区老年人的差别个体特征对其基本需求型消费的影响较大，总体影响中收入起着不可替代的作用，家庭支持与老年人的教育程度对老年人基本需求型消费的积极作用值得关注。

第三节　中国城乡老年人口自我实现型消费的影响因素回归分析

这一部分考察了城乡老年人口自我实现型消费的影响因素

（见表6-3），回归之前本书先对每个可能影响老年人口自我实现型消费的因素进行单因素方差分析，进而识别在不同水平下城乡老年人口自我实现型消费对影响因素差异的显著性，结果如表6-3中Ⅰ列所示，本书继续检验在多种影响因素作用下城镇与农村老年人口自我实现型消费差异的显著性，结果如表6-3中Ⅱ列所示，影响因素可以分为老年人个体特征、家庭支持与社会保障三个层面。

表6-3 城乡老年人口自我实现型消费的影响因素对比

影响因素	总样本 Ⅰ	总样本 Ⅱ	城镇 Ⅰ	城镇 Ⅱ	农村 Ⅰ	农村 Ⅱ
收入	0.11*** (0.165)	0.07*** (0.100)	0.09*** (0.122)	0.05*** (0.069)	0.12*** (0.157)	0.09*** (0.11)
年龄（参照组：60~64岁）						
65~69岁	−408.5+ (−0.026)	−343.7 (−0.022)	−1211.6* (−0.055)	−1159.3+ (−0.053)	−148.84 (−0.011)	−8.28 (−0.001)
70~74岁	−244.9 (−0.014)	−256.6 (−0.014)	−1150.1+ (−0.048)	−1214.3+ (−0.051)	18.4 (−0.001)	163.5 (0.011)
75~79岁	−767.7** (−0.037)	−977.5** (−0.047)	−2199.6** (−0.082)	−2493.1** (−0.093)	−349.7 (−0.020)	−285.7 (−0.016)
80~84岁	−626.3+ (−0.021)	−847.9* (−0.029)	−1355.1 (−0.036)	−1328.6 (−0.035)	−470.9 (−0.019)	−571.9 (−0.023)
85~89岁	−548.9 (−0.011)	−870.3 (−0.02)	−123.2 (−0.002)	−383.2 (−0.005)	−509.6 (−0.013)	−846.7 (−0.022)
90岁及以上	2375.5* (0.027)	2166.2* (0.02)	−2953.4 (−0.024)	−2614.6 (−0.021)	−4476*** (−0.061)	4138*** (0.056)
是否退休（参照组：未退休）						
已退休	654.6*** (0.047)	73.57 (0.005)	1080.8+ (0.039)	169.7 (0.006)	221.3 (0.019)	−204.2 (−0.018)
教育程度（参照组：小学）						

续表

影响因素	总样本 I	总样本 II	城镇 I	城镇 II	农村 I	农村 II
小学以下	-302.2 (-0.022)	-91.8 (-0.007)	-608.7 (-0.027)	-268.1 (-0.012)	-94.1 (-0.008)	-30.1 (-0.003)
初中	683.7* (0.034)	128.4 (0.006)	626.8 (0.029)	-0.75 (-0.001)	464.1 (0.024)	118.1 (0.006)
高中或中专	560.4 (0.020)	-437.4 (-0.016)	380.4 (0.016)	-334.9 (-0.014)	-157.2 (-0.004)	-513.5 (-0.013)
大专及以上	6748.4*** (0.150)	5038*** (0.11)	6440*** (0.19)	5671.4*** (0.169)	5593.2*** (0.034)	2808.1 (0.017)
慢性病（参照组：无慢性病）						
1 种	-409.9⁺ (-0.027)	-293.2 (-0.019)	-548.9 (-0.025)	-415.5 (-0.019)	-325.9 (-0.026)	-250.1 (-0.02)
2 种	-277.8 (-0.016)	-222.9 (-0.01)	-684.2 (-0.029)	-723.7 (-0.030)	-131.9 (-0.009)	-16.8 (-0.001)
3 种	-644.8* (-0.028)	-608.4* (-0.026)	-1776.7* (-0.059)	-1829.3* (-0.061)	-223.9 (-0.012)	-114.9 (-0.006)
4 种及以上	-185.1 (-0.007)	-257.2 (-0.01)	-540.9 (0.018)	-486.9 (-0.016)	-208.2 (-0.010)	-89.6 (-0.004)
社交活动（参照组：无社交活动）						
1 项	572.9** (0.039)	429.8* (0.029)	1568.2** (0.077)	1334.8* (0.066)	176.5 (0.015)	115.3 (0.009)
2 项	526.3* (0.026)	-86.5 (-0.004)	787.9 (0.033)	-30.2 (-0.001)	182.4 (0.010)	18.9 (0.001)
3 项及以上	2394*** (0.083)	817.3* (0.028)	2466.5*** (0.091)	1250.3⁺ (0.046)	1576.7*** (0.047)	628.4 (0.019)
工作类型（参照组：政府部门）						
事业单位	-116.8 (-0.001)	-1231.1 (-0.013)	-126.1 (-0.001)	-1580.1 (-0.018)	-585.2 (-0.006)	-1148.1 (-0.012)
非营利组织	-1316.1 (-0.006)	-1651.5 (-0.007)	-2135.9 (-0.008)	-3034.5 (-0.011)	-755.4 (-0.005)	-2019.5 (-0.011)
企业	1121 (0.019)	670.0 (0.012)	2941.6⁺ (0.043)	2098.8 (0.031)	52.6 (0.001)	-485.7 (-0.009)

续表

影响因素	总样本 I	总样本 II	城镇 I	城镇 II	农村 I	农村 II
个体户	-836.4*** (-0.06)	-488.0** (-0.035)	-713.6 (-0.024)	-162.5 (-0.006)	-405.9* (-0.036)	-507.8** (-0.045)
为农户工作	-1044.2 (-0.009)	-863.9 (-0.008)	-1585.6 (-0.008)	-2546.2 (-0.013)	-527.6 (-0.006)	-665.8 (-0.008)
为居民户工作	-882.1 (-0.006)	-663.9 (-0.004)	586.1 (0.001)	606.4 (0.002)	-824.5 (-0.007)	-919.4 (-0.007)
其他	-451.7 (-0.003)	-434.0 (-0.003)	-	-	-139.4 (-0.001)	-653.3 (-0.006)
有无伴侣（参照组：无伴侣）						
有伴侣	-36.9 (-0.002)	-290.2 (-0.02)	-182.2 (-0.015)	-308.4 (-0.015)	148.5 (0.007)	-237.0 (-0.019)
调查年份（参照组：2011年）						
2013年	200.8 (0.015)	19.8 (0.001)	-324.4 (-0.016)	-759.1 (-0.039)	413.5** (0.036)	322.2 (0.028)
接受经济帮助						
父辈	0.04 (0.003)	-0.101 (-0.007)	-0.06 (-0.006)	-0.05 (-0.004)	0.16 (0.007)	-0.02 (-0.001)
子辈	0.04*** (0.054)	0.004 (0.006)	0.013 (0.022)	0.01 (0.018)	0.07*** (0.093)	0.03* (0.036)
孙辈	0.09 (0.009)	-0.047 (-0.005)	0.11 (0.009)	-0.001 (0.0001)	0.09 (0.011)	-0.02 (-0.002)
其他亲朋	0.02 (0.008)	-0.007 (-0.004)	-0.02 (-0.01)	-0.02 (-0.013)	0.16** (0.041)	0.03 (0.008)
提供经济帮助						
父辈	0.26** (0.034)	0.026 (0.003)	0.13 (0.020)	-0.03 (-0.005)	0.41* (0.032)	0.24 (0.018)
子辈	0.02*** (0.151)	0.018*** (0.13)	0.003 (0.005)	-0.02 (-0.043)	0.02*** (0.218)	0.02*** (0.18)
孙辈	0.09** (0.032)	0.022 (0.007)	0.06 (0.028)	0.04 (0.02)	0.11 (0.017)	-0.01 (-0.002)
其他亲朋	0.12*** (0.052)	0.056* (0.024)	0.09* (0.046)	0.06 (0.033)	0.16** (0.043)	0.05 (0.01)

续表

影响因素	总样本 I	总样本 II	城镇 I	城镇 II	农村 I	农村 II
提供照料						
子女	0.001 (0.001)	0.001 (0.001)	-0.001 (-0.004)	-0.001 (-0.002)	0.002 (0.005)	0.001 (0.002)
父母	0.07 (0.009)	-0.022 (-0.002)	-0.03 (-0.004)	-0.22 (-0.026)	0.12 (0.014)	0.13 (0.016)
参加养老保险（参照组：未参加）						
1种	135.6 (0.010)	-16.7 (-0.001)	-340.7 (-0.018)	-61.1 (-0.003)	307.2+ (0.027)	179.4 (0.016)
2种及以上	964.2* (0.027)	220.8 (0.006)	767.5 (0.018)	1159.9 (0.027)	819.6+ (0.027)	-67.5 (-0.002)
参加医疗保险（参照组：未参加）						
1种	618.9 (0.024)	369.6 (0.014)	1322.3 (0.042)	496.1 (0.016)	451.1 (0.019)	432.1 (0.019)
2种及以上	924.3 (0.021)	-60.6 (-0.001)	281.7 (0.007)	-698.8 (-0.016)	1007.2 (0.021)	642.1 (0.013)

注：①回归系数下方的括号内为标准化的回归系数，用以比较自变量对因变量影响程度大小。

②*** 表示在 0.001 的水平上显著，** 表示在 0.01 的水平上显著，* 表示在 0.05 的水平上显著，+ 表示在 0.1 的水平上显著。

从回归结果来看，城乡老年人口自我实现型消费主要受老年人口个体特征影响，其中收入影响较为显著，家庭支持对老年人口自我实现型消费具有推动作用，而社会保障对老年人口自我实现型消费的影响相对不显著。多数变量在单因素方差分析与综合所有变量的回归结果中表现为相同的显著性，也就是说此变量对老年人口自我实现型消费的影响并不受其他变量的影响。仅有部分单因素方差分析显著的变量在综合回归模型中变得不显著，在综合模型中对老年人口自我实现型消费影响显著的一些变量可能在单因素方差分析中差异并不明显，每个变量对老年人口自我实现型消费的影响机制以及分别对城乡老年人口自我实现型消费影响的分析具体如下。

一 个体特征检验结果分析

不论是单因素方差分析，还是综合回归模型，收入对城镇与农村地区老年人口自我实现型消费的影响都是显著的。城镇综合模型中收入的影响相对较小，再次印证了城镇居民消费观念作用较强。收入对老年人口自我实现型消费的提振作用虽然在控制了其他变量的综合模型中被挤压，但收入的影响依旧较大。本书还发现，收入对老年人口消费的影响不因消费类型的不同而有不同的显著性，在所有变量中，收入对消费的影响始终占据重要地位，这种影响是不分区域、不分时域的。

不论是单因素方差分析，还是综合回归模型，老年人自我实现型消费随年龄增长而下降的年龄效应表现为城镇地区低龄老年人口（80岁以下）显著，而农村地区高龄老人（90岁及以上）显著，但城乡总样本模型中这种年龄效应的显著性相对更强。随着年龄增长，老年人自我实现型消费呈现递减走势，由此看来，同一出生队列的老年人表现相同的社会生活模式，老年人口自我实现型消费也存在队列效应。比起基本需求型消费，老年人口自我实现型消费具有更为广阔的空间。具体来说，一方面可以扩大现有老年人口自我实现型消费，另一方面还要扩大潜在老年人口即现在的中年人口的自我实现型消费，这样既能够实现老年人口自我实现型消费的静态增长，又能够实现长期动态增长。

接受大专及以上教育的老年人口对自我实现型消费的提振作用最大，且作用显著。单因素方差分析中，老年人口自我实现型消费表现随教育水平提高而增长的大致变动趋势，尽管每种教育水平带来的消费差异并不完全显著，但整体变动趋势符合常理。通俗地讲，拥有较高教育水平的老年人口会更加注重自身发展，如提升自身文化素养、参加继续教育培训，也可能只是单纯增加社交活动、进行体育锻炼等，这样一来便导致其在自我实现型消费方面的开支会更高。拥有大专及以上教育水平的老年人口在自我实现型消费方面开支的增加更显著，从长期来看，随着我国人口整体受教育水平越来越高，高等教育对老年人口自我实现型消费的积极影响是有益的。

老年人患有慢性病会抑制其自我实现型消费的增长。老年人在老化过程中如果患有慢性病可能出现内心萎缩，进而逐渐退出可能参加的社会活动并脱离社会，这种行为十分影响老年人的自我发展。在单因素分析结果中，城镇地区这种抑制效应相对显著，农村地区虽然不显著，但同样存在抑制作用。在控制其他变量的回归模型中，慢性病对消费抑制作用并没有改观，依旧表现为在城镇地区相对显著，而农村地区不显著，城乡总体的回归模型中患有慢性病对老年人自我实现型消费的抑制作用是相对显著的，因此需要重视老年人的健康水平。健康老龄化是成功老龄化和积极老龄化的基础，患有多种慢性病会降低老年人的社会活跃程度，这对扩大老年人自我实现型消费是极其不利的，因此，已经患病的老年人口需要积极应对并采取有效的治疗方法，而健康的老年人口需要注重身体保健，加强预防。

参与社交活动对老年人口自我实现型消费的影响较为显著，不论是城镇还是农村都表现较为明显的促进消费增长的作用。老年人口参与的活动越多，其消费水平越高。单因素方差分析结果显示参加社交活动对城镇、农村地区老年人口自我实现型消费都具有较为显著的促进作用，且在城乡总体模型中显著性最高、影响最大。综合回归模型农村地区老年人口参加社交活动的项数越多，老年人自我实现型消费越多，但这种单调递增关系并不显著。在城镇地区，参加 2 项社交活动对老年人口自我实现型消费会有抑制作用，而仅参加 1 项或参加更多项社交活动均会促进老年人的自我实现型消费，前者的抑制作用不显著，后者的积极作用是显著的，城乡总样本模型也表现与城镇模型中相同的变动规律，可以断定参与社交活动对老年人口自我实现型消费具有积极促进作用。参与社交活动越多，说明老年人晚年生活越充实满足，这种满足感有助于老年人形成新的智慧并达成新的成就。对于经历了人生起伏的老年人口来说，新的智慧与成就更为珍重。对于老年人自身来讲，这更是一种良性循环。老年人积极的社交互动有助于其形成生活满足感，这种满足感会促进老年人继续扩大社交，倘若能够更进一步形成新的智慧与成就，不仅是老年人自身受益，更是全社会的福利。

整体来看，工作类型对老年人自我实现型消费的影响相对不显著，与在政府部门工作相比，多数工作都不利于扩大老年人的自我实现型消费，仅在企业工作的老年人自我实现型消费水平会比在政府部门工作的老年人更高，然而不同类型的工作对老年人自我实现型消费的影响系数的绝对值的差异不大。对工作类型进行单因素方差分析与综合回归模型得到的结果差别不大，不论是否控制其他变量，工作对老年人自我实现型消费的影响变化都较小，企业或个体户对自我实现型消费的影响相对显著，多数都不显著。不同的是，考虑其他变量后，回归的影响系数会变小。城乡总样本模型整体显著性相对更高。

有伴侣会降低老年人自我实现型消费水平，带来这种结果的原因之一是消费本身的规模经济效应，家庭成员数量增加，家庭运作成本会降低。另一个原因是本书选取老年人参加教育、娱乐或交通等方面的开支作为自我实现型消费的指标变量，而有伴侣的老年人可能会选择花更多时间陪伴自己的伴侣，从而减少个人社交活动，因此体现为其自我实现型消费规模的降低。在单因素方差分析结果中，有无伴侣在城乡总体样本分析中的消费差异小于城镇和农村两地区样本之间的差异。然而在考虑其他变量的综合回归模型中，城乡总样本中有无伴侣对老年人自我实现型消费的影响系数比分区域影响系数更大。本书认为，在统筹城乡发展背景下，选择开发家庭消费有利于最大限度调动老年人的消费活力。

单因素方差分析中，老年人自我实现型消费在时间上的增长效应不显著，城镇地区老年人口自我实现型消费随时间推移有降低趋势，而农村地区表现为正增长，但两种影响在统计学意义上都不显著。单因素方差分析与综合回归模型呈现的结果相似，但仍可以看到城乡总体样本的单因素方差分析与综合回归模型结果会中和城镇与农村地区发展的不平衡。

二 "退休-消费"之谜

老年人口自我实现型消费并不存在"退休-消费"之谜。首先，退休对老年人自我实现型消费的单因素方差分析结果显示，城镇和农村老年人口自我实现型消费会因为退休行为的发生而增加，城镇地区这种提振作用相对更大且显著，而农村地区这种提振作用并不显著，城乡总体老年人口自我实现型消费的退休效应是积极且显著的。综合回归模型中，农村地区老年人口自我实现型出现"退休-消费"之谜现象，而城镇地区与城乡总样本的回归模型中退休行为的发生对老年人口自我实现型消费的提振作用依然存在。遗憾的是在综合回归模型中，退休对老年人口自我实现型消费产生的积极的或消极的作用都不显著。之所以会产生这样的结果，可能是因为老年人其他特征的影响过于强大，而老年人在交通和通信，教育、文化和娱乐方面的消费不会因为退休行为的发生而产生显著变化。但退休意味着老年人拥有更多闲暇时间，那么他们可以安排更多娱乐活动，或选择参加一些教育培训，老年人选择继续社会化是其对自我角色的认可与适应，这个过程会增加老年人交通和通信方面的开支。不论回归模型中结果是否显著，退休行为对老年人口自我实现型消费的积极促进作用都值得加以利用，而农村地区老年人口退休行为对自我实现型消费的抑制作用则可以通过统筹城乡发展对其进行改善。

三 家庭支持因素检验结果分析

在农村地区，不论是单因素方差分析还是综合回归模型的结果都显示接受子辈的经济帮助会促进老年人自我实现型消费增长。而农村地区的单因素方差分析中接受其他亲朋的经济帮助对老年人自我实现型消费的促进作用在综合回归模型中被其他变量的作用中和抵消。在城镇的单因素方差分析模型中，接受来自家庭的经济帮助可能会抑制老年人自我实现型消费增长，但城乡总样本模型中家庭支持对老年人自我实现型消费的影响为正，接受家庭支持会促进自我实现型消费的增长，这里再次验证了统筹城乡发展的必要性。单因素方差分析结果显示，在农村地区不论是为父母、子辈还是其他亲朋提供经济帮助都会促进老年人自我实现型消费增长。而城镇地区单因素方差分析结果恰好相反，为家人提供经济帮助对老年人自我实现型消费影响较小，大多结果并不显著。在综合回归模型中，农村地区老年人口为父辈提供经济帮助对其自我实现型消费的促进作用被其他变量的影响挤压而变得不显著。而城镇地区老年人口为家庭提供经济帮助对老年人自身自我实现型消费的影响不显著。值得注意的是，在老年人为父母或子女提供生活照顾问题上，城镇与农村地区表现出恰好相反的作用，城镇地区照顾家庭会抑制老年人的自我实现型消费，而农村地区则会促进其消费，城乡总样本单因素方差分析模型的结果是照顾家庭会促进老年人自我实现型消费，然而，两者作用都很小且这种影响都不显著。

总的来看，家庭支持对老年人自我实现型消费的推动作用的显著性并不理想。依靠家人提供经济帮助或需要为家里人提供经济帮助的老年人可能会较少关注自己，因此对自我实现型消费的影响不显著，这体现了老年人消费的利他性，同时也说明老年人的自我实现型消费不以家庭支持为主要影响变量，老年人会结合自身条件进行自我实现型消费。从积极的家庭互动关系有助于老年人保持活力且晚年拥有完善人格发展的角度考虑，老年人增加与家庭成员的经济互动或生活照料帮助是有益于老年人自我实现型消费扩大的。

四 社会保障因素检验结果分析

单因素方差分析结果显示农村地区老年人参加养老保险对老年人自我实现型消费有相对显著的积极影响，而城镇地区老年人口参加养老保险对自我实现型消费的作用不显著。在城乡总样本的单因素方差分析结果中参加养老保险对老年人自我实现型消费会产生积极影响，但是参加2种及以上养老保险才会显著。老年人参加医疗保险也会促进其自我实现型消费增长，但这种影响不显著。从综合回归模型的结果来看，享受养老和医疗保险对老年人自我实现型消费的影响都不显著，但参加2种保险对城乡老年人口自我实现型消费的作用结果十分有意思。农村地区老年人口参加较多养老保险会抑制其自我实现型消费增长，参加医疗保险种类越多越促进其自我实现型消费增长。与之相反，城镇地区老年人口参加较多养老保险会有更多自我实现型消费，而参加越多医疗保险的城镇老年人会出现对自我实现型消费的抑制作用。城乡总样本的回归模型结果表现与城镇相同的特征。本书认为，享受养老保险或医疗保险对老年人自我实现型消费并不足以产生影响。

五 结论

总的来说，老年人自我实现型消费更多依赖于老年人的个体特征，收入、年龄等因素对老年人自我实现型消费发挥着至关重要的作用。具体来说，城镇地区老年人口教育水平对老年人自我实现型消费的提振作用相对较大，老年人的收入水平及参加社交活动种类也对其有促进作用，具有优质个体特征的城镇老年人口会有更多自我实现型消费支出。除收入外，农村老年人口与城镇老年人口不同，其自我实现型消费更多依赖于与子辈的互动，接受子辈的经济帮助或为子辈提供经济帮助都会显著影响农村老年人口的自我实现型消费。由此可见。在城乡总样本模型中，家庭支持的为子辈提供经济帮助因素表现出对老年人自我实现型消费有较大影响，其余主要是老年人的个体特征对老年人自我实现型消费起着重要影响作用，以老年人的收入、参与社交活动情况等为主，而家庭支持与社会保障对老年人口自我实现型消费的影响相对不显著，其作用很小。

第四节 本章小结

研究结果接受了假设④、假设⑤和假设⑥，综合考虑了个体特征、家庭支持与社会保障三类因素的影响，个体特征中一些因素对老年人口基本需求型消费影响显著，且对城镇影响更大。家庭支持与老年人的教育程度对老年人基本需求型消费的积极作用值得关注。拥有优质个体特征的城镇老年人口自我实现型消费水平会显著更高，家庭支持对农村地区老年人口自我实现型消费增长具有重要意义。整体来看，老年人口基本需求型消费主要受家庭支持与社会保障因素的影响，而自我实现型消费主要依赖于老年人个体特征因素。不论是基本需求型消费还是自我实现型消费，收入对两种消费水平的增长都有显著提振作用，体现了收入的不可替代作用。与此同时，本书还发现分别在城镇、农村老年人口两种类型的消费水平影响因素中，有许多变量并不显著，而其在城乡综合模型中变得显著，从而印证了统筹城乡发展的深刻意义。因此，提高老年人口收入水平是扩大老年人基本需求型消费与自我实现型消费的有效途径。不同的是，扩大老年人口基本需求型消费应当从老年人基本保障入手，而老年人口自我实现型消费的提高则可以通过加强老年教育、丰富晚年生活等方式实现。

第七章 构建老年消费生态系统

前面的研究论证了老年人口的个体特征、家庭支持与社会保障因素对其总消费水平、基本需求型消费水平与自我实现型消费水平的影响，并得到需要扩大老年人口消费等结论。这一部分本书将综合考虑前面的结论，从宏观层面把握扩大老年人口消费的诸多途径，整合老年人口消费需求，调配可利用资源，构建政府、市场与消费者多元主体参与、多层次合作共生的可持续发展的消费生态系统，从而形成老龄化背景下经济增长新动力。

第一节 老年消费生态系统的框架构建

老年人口的消费行为是老年人个体与其所处的社会、经济环境相互作用的结果，因此，扩大老年人口消费不仅需要老年人个体消费观念转变，更需要社会提供有助于老年人消费观念转变、进一步挖掘和拓展老年人口消费潜能的利好环境。在个体与环境的互动过程中开发绿色、共享、可持续的消费领域，推动传统消费升级换代，向中高端消费发展，进而带动经济可持续增长。实现以上目标的前提就是营造良好的消费环境，这样一来，社会政策整体设计就很重要。本书建议构建主体多元化的老年人口消费生态系统，在促进老年人口消费水平提升的过程中，政府理应充分发挥主导作用，鼓励和支持社会各方面力量积极参与，推动消费市场活跃发展，带动老年消费者消费观念的转变，进而拉动老年消费群体的消费。总的来说，就是构建政府、市场与消费者多元主体参与、多层次合作共生的可持续发展的消费生态系统（见图7-1）。构建可持续发展的老年消费生态系统，不仅要立足现实状况，更要着眼未来，综合考虑未来我国经济社会发展的形势、总体目标和要求，以确定未来我国老龄化消费的发展走向。21世纪，我国人口老龄化的发展和形势要求银发经济必须有更大的发展。

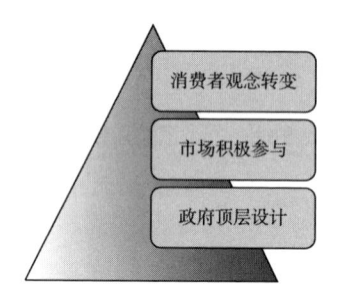

图7-1　多元主体参与、多层次合作共生的可持续发展消费生态系统

当前我国老龄化消费市场发展的主要问题是，一些人片面地认为老龄化问题就是老年人问题，老年人相关工作存在多头管理、协调性不够、缺乏统筹等问题。老年人消费市场的发展规划缺乏全局和战略的高度，缺乏统筹发展的视角，其往往是多部门工作的简单罗列和叠加，老年消费市场的发展框架与发展要求也未被系统提出，发展规划往往针对性不强、刚性不足。以政府工作为例，目前在制定或调整有关老龄政策时缺乏宏观协调，政策既有交叉重复，又有疏漏不足，同时缺乏与以前相关政策的衔接。一些经济社会政策未能充分考虑人口老龄化，有的已经不适应老龄化社会的发展变化,与实际情况矛盾,甚至有政策连续性难以保证的风险。因此,需要借鉴日本等较早开始面临老龄化问题的国家的实际经验,完善、构建协调一致、全面系统的消费市场发展框架,从政府设计、市场参与以及老年消费者观念转变三个层面构建贯穿人的整个生命阶段,涵盖老年人的各种需要且从全面到具体的消费生态系统。

第二节 老年消费生态系统的发展思路

改革开放以来,中国经历着从工业时代向信息时代过渡,这会明显影响个人、社会和国家。医疗、技术、人文服务等各方面取得的进步让更多人口几乎没有什么病症而步入老年,过上高质量的生活。未来老年人口规模迅速扩大的预测告知了政府政策需要做出很大的调整,同时针对这个群体的产品和服务也需要更新升级,以便他们能够保持尊严和活力地逐渐变老。[1]

一 政府顶层设计

政府在推动居民消费增长、把握老龄化消费机遇的问题上有设计顶层制度的关键职责。其首要任务就是为市场、个人的消费行为保驾护航,建立有利的政策环境、消除阻碍消费产业发展的制度壁垒。政府在制定财政、税收、金融等宏观政策的过程中,要发挥其强大的扶持、调控和干预作用,要引导市场有活力地发展,引导居民的合理预期,将整体预期风险控制在可控范围内。

---

[1] Levine, J. A., "Non-Exercise Activity Thermo Genesis (NEAT): Environment and Biology," *American Journal of Physiology - Endocrinology and Metabolism*, 2004, 62 (62).

以六个"老有"为战略目标，政府的首要任务是完善公共产品的供给，由于公共产品的特殊属性，市场不具备提供公共产品的条件及能力，例如基础设施的建设，养老保障和医疗保障等相关社会保障制度的完备都需要政府提供。

（一）老有所养

老有所养是老年人晚年生活的基本需求，是满足老年人衣食住行的基本需要，这是老年人生存的物质保障，也是老年人消费的物质基础。子女给予父母经济支持为老年人提供了衣食住行等方面的物质保障，尤其是在农村地区，子女为老年人提供经济帮助对扩大老年人口消费具有显著作用。除老年人衣食住行等方面的基本物质需求外，还有生活照料和精神慰藉的特殊需求。当老年人因生病或年事过高、无劳动能力、无生活来源等而生活不能自理时，更需要得到家庭和社会的关心、体贴、照顾和赡养。老年人的晚年生活以家庭为主，从社会角色中脱离后的闲暇生活使得他们容易产生精神上的空虚感，而如果家庭成员能够给予老年人心理上和精神上的关心与安抚，则可以缓解老年人的焦虑情绪，提高老年人的生活满意度。家庭成员间的互动包括给予经济支持、提供照料等，其不仅有助于老年人老有所养，还会有利于扩大老年人口消费。

目前我国家庭发展呈现小型化与核心化的特征，老年人口的许多需求很难在家庭中得到满足，这就需要由政府提供一些养老服务。为此，政府需要构建以养老保险为依托、以养老服务为目的的老年人养老保障体系，体系应当涵盖所有老年人，其中养老保险包括职工养老保险、居民养老保险（含农村居民与城镇居民）、特殊群体老年津贴与社会救助。养老保险是养老保障的基本依托，结合前文分析，城镇与农村的统筹管理会有利于老年人的消费，因此基本养老保险应当是城镇与农村统筹发展，政府提供基本的、全覆盖的可持续养老保险，居民可以自愿选择参加，在强调养老保险的统一性与公平性的同时，提高制度的激励性，实现应保尽保。

职工基本养老保险俗称退休金，用于保障职工退休后的基本生活需求，政府应当明确基本养老金的构成及领取待遇的条件，同时鼓励企业补充养老保险，提高职工退休待遇。除此之外，我国职工养老保险制度变迁过程中形成了多种养老对象共存的现状，其可以被简称为"新人""中人""老人"，在《国务院关于建立统一的企业职工基本养老保险制度的决定》（以下简称《决定》）实施后，参加工作的参保人员属于"新人"，《决定》实施前参加工作、实施后退休的参保人员属于"中人"，《决定》实施前已经离退休的参保人员属于"老人"。其中"新人"与"老人"的养老金缴纳与退休后的养老金待遇的规定较为单一，"中人"则涉及政策变更，缴费与领取的规定存在不同，因此要保证新老政策的平稳过渡。不论是哪种养老保险，其保值增值尤为重要，要明确社会政府提供社会保障的根本意图，即养老保险金既可以作为个人强制储蓄计划来保障居民安度晚年，又不至于使大量养老保险金成为社会的负担。

老年人的津贴与社会救助针对特殊老年人群体，例如高龄老人的补助、失能老人的长期照护与救助等，尤其是长期照护服务体系，是人口老龄化进程加快的必要且有效的应对方式。目前我国长期照护制度建设需求迫切，一个全国性的长期照护制度框架应该被提上议事日程。[1] 针对少数处于弱势地位的老年人进行设

---

[1] 房莉杰：《理解我国现阶段的长期照护政策》，《北京工业大学学报》（社会科学版）2015年第5期。

计，其有利于帮助弱势老年群体摆脱生存危机，保障居民基本生存权，实现社会公平，维护社会稳定。

养老服务应为老年人口提供基础设施和生活服务，推动养老机构的发展。我国公共场所养老设施的基础还十分薄弱，设计无障碍养老设施可以方便老年人的交通出行，保证老年人独立出行的安全。生活服务方面，主要针对老年人的日常居住照料需求，提供心理支持、法律咨询与保护服务等，以社区为单位，由政府统一管理。对体弱老人或高龄老人，则需要为其提供专门服务，如上门家务服务、家庭保健服务等。调动信息技术服务资源，打造家政、送餐、出行、就医等居家养老服务平台。政府还应当积极建设公立养老机构，提供基本养老服务，建造每位老人都住得起的养老院，提供基础且完备的养老照料服务，鼓励市场、社会资本建立多层次老人公寓，让有能力的老年人有条件享受更加多元的养老服务。

（二）老有所医

老有所医是老年人生活的另一个重要需求，生命历程末期的老年人在身体感官退化、患病风险增加时，对医药卫生的需求也会变大。政府需要为老年人口提供基本医疗保险与医疗救助，加大对老年人健康保障的投入。同样，对老年人医疗保险有必要统筹城乡管理，应由政府组织、居民自愿参与，进而保证每位老年人都能够享受基本医疗保障待遇，减轻老年人的医疗支出费用。积极引导基层医疗卫生机构卫生服务的供给，充分利用智能化信息技术整合医疗卫生资源，开展老年健康管理、医疗保健与护理、运动康复等适合老年人的社区医疗卫生服务，为老年人提供就医优先服务。还要鼓励有条件的医疗机构设立老年病专科或老年病门诊，为老年人提供专项治疗与服务。

老年人是慢性病的高发病群体，慢性病指高血压、糖尿病、心脑血管疾病等慢性非传染性疾病，是多数老年人所面临的健康问题，针对慢性病的预防更为关键。世界卫生组织的调查研究显示，慢性病不仅取决于个人的生活方式，同时还与遗传、医疗条件、社会条件和气候等因素有关。[①] 流行病学调查和实验研究发现心血管疾病除了与遗传和生活方式有关，还受生命早期营养环境的影响。医学实验研究证实，无论是出生前的营养限制还是出生后的营养限制都会导致血压、血管张力等发生改变。[②] 目前我国处于老龄化高峰期的老年人在成长时期营养吸收不均衡，这就意味着他们患有慢性疾病的风险较高。目前医学已经具备了预防和治疗慢性病的条件和能力，这可以避免由慢性病引起的过早死亡，也能够减少慢性病导致的残疾的发生，进而将负担降到最低。[③] 换句话说，增加对慢性病预防和控制的投资，可以挽救千万人的生命免于过早死亡。健康的身体状况会促进老年人口消费的增加，这些被挽救的生命会扩大老年人口的消费规模，从而为国家经济增长带来可观的经济效益。

总之，政府要打造一个集"预防-保养-治疗"多层医疗服务供给相结合的医疗保障系统，保障老年人实现健康老龄化。健康老龄化是成功老龄化与积极老龄化的基础，老年人拥有健康身体是提升其消费水平的基本保障，这不仅有利于老年人安排闲暇时

[①] "Preventing Chronic Diseases: A Vital Investment," World Health Organization, 2016, http://www.who.int/chp/chronic_disease_report/contents/en.

[②] 劳林江等：《生命早期营养不良与成年期心血管功能的关系》，《浙江大学学报》（医学版）2015年第3期。

[③] 张璐、孔灵芝：《预防慢性病：一项至关重要的投资——世界卫生组织报告》，《中国慢性病预防与控制》2006年第1期。

间、丰富其退休后的生活，还有利于促进老年人自我实现型消费增长，推动经济可持续发展。

（三）老有所教

老有所教指的是有组织地对老年人进行系统性的教育，老年人退出劳动市场后，拥有充足的闲暇时间，可以接受系统的再教育。老年教育是老年人继续社会化的重要形式，因此应当鼓励政府开展涉及领域广泛的老年教育，如健康教育、文化艺术教育、科学技术创新教育等。老年教育可以通过多种形式进行，常见的有国家老年大学、老年人电视或网络学校、街道或社区创办的老年学校等。尤其是在信息技术快速发展时期，借助网络媒体组织老年人进行科学文化知识的学习具有不可替代性，其可以最大范围覆盖老年人群体，特别是针对由于身体原因而行动不便的老年人。

老年教育是老年人精神赡养的重要组成部分，是老年人的精神食粮。老年教育的良好发展有助于丰富老年人的思想，使老年人保持与时俱进、与全社会一道共享社会主义现代化发展带来的一系列成果。与此同时，老年人接受教育也有助于扩大老年人消费规模，实现老年人消费的多样化。老年人的继续教育与再教育也可以帮助那些身体状况良好且有重新就业意愿的老年人掌握必要技术，进而选择重新就业。从人口长期发展来看，老年人力资本的开发与利用有助于缓解未来的劳动力短缺问题，有利于经济健康有序发展。从一定程度上来讲，政府对老年教育的发展有不可推卸的责任，老年教育的成功是积极老龄化的重要构成部分，因此政府对老年教育的支持、引导与鼓励至关重要，有必要建立老年教育保障体系。

另外，我们需要破除对老年人的偏见，强化"老化教育"。在工业化社会，经常见到强调年轻、成长、进步、活力与竞争等文化价值，而在农业社会中备受敬重的老年人在当今的社会地位逐渐下降，在年龄歧视与老化偏见之下，老年人被贴上退化、衰弱、失能、疾病与孤独的标签，这样就导致老年人被社会边缘化，造成许多老年人消极待老，严重者则选择自杀。之所以许多老人选择自杀来中断其漫长的高龄长寿生活，是因为老龄化社会的到来，只给高龄长寿老人带来同类群体"量"的增长，而没有带来生活"质"的提升。这种对老龄化的偏见还危及全社会的健康发展，如果波及年轻人，势必会引发一系列社会问题。正如 Couper 和 Pratt 所言，寿命革命（Longevity Revolution）之后需要的是教育的革新。现代教育应该随着老龄化社会的来临而进行革新，即应当推行能够传播正确的老化知识、态度与技能的"老化教育"，从而破除社会文化中隐藏的年龄歧视和负面刻板印象，一方面使老年人不再被歧视或被边缘化，另一方面年轻人不再对老年人持负面态度，也不会害怕变老。[①] 充分利用大众媒体进行群众性、普及性的死亡教育，通过电视、网络媒介等多种形式和多种渠道向群众宣传生与死的医学、心理学、社会学、伦理学等方面的知识，动员全社会参与死亡教育。将死亡教育纳入中小学义务教育中，同时对接受初等教育、中等教育以及高等教育的学生进行死亡教育，并将其贯穿于整个社会教育之中。积极创造条件，进行专业的死亡教育，例如在医学院校设立相关的专业，率先对医护专业学生开设死亡教育课程，通过普及死亡教育树立科学的死亡观。

教育对塑造人们消费行为起着至关重要的作用，从丰富老年人的晚年生活的角度出发，加强针对老年人的教育培训还可以促

---

① 黄锦山：《老化教育的重要性与策略》，《师友月刊》（台湾）2009 年第 11 期。

进老年人消费水平的提升。不仅如此,让老年人老有所教还对老年人自我实现型消费需求增长具有积极意义。

(四) 老有所学

为保持和其他社会群体及时代的步伐相协调,老年人也需要新事物、新知识,尤其是当今知识更新速度加快,终身学习已经成为时代的要求。老年人根据自己的兴趣喜好,通过参与、实践等方式增加自己对技巧的掌握,进而拓展生活能力,这一方面充实了老年人休闲生活,另一方面提高了老年人自身素质修养,进而有益于提升人生价值,改善身心环境,促进身体健康。老有所学的内容与范围同样十分广泛,老年人可以结合自身身体状况及兴趣进行文化娱乐、体育活动等。

如前文所述,心理学家发现年轻人在各种学习任务上都比老年人做得更好。[①] 但是,事实是老年人也会学习,他们能够适应自身的环境,并且适应没有经历过的新环境。因此有研究建议,当有更多的时间来检查任务时,年轻人与老年人都能从学习中受益。其原理是如果人们有充足的时间,则有较多机会来预演反应并建立事件之间的关联,增加以一种日后搜寻和回忆的方式来编码信息的可能性。当有更多时间来学习时,老年人甚至比年轻人受益更多。老年人通常给人一种比年轻人学习较少的印象,因为他们通常不愿意做冒险。同时,当在实验室环境里测验时,老年人去学习那些似乎与他们无关或无用的指定材料的动力似乎较小。更为复杂的情况是,现在的年轻人普遍比老年人受过更好的教育。

---

① Bosworth, H. B., Schaie, K. W., "Survival Effects in Cognitive Function, Cognitive Style, and Socio-Demographic Variables in the Seattle Longitudinal Study," *Experimental Aging Research*, 1999, 25 (2).

此外，还有一个隐藏的偏见是许多老年人会吃一些药物使心智功能减弱。值得指出的是，我们应该避免不成熟地认为老年人不能学习新事物。[①] 老年人一直都在继续学习，不过他们可能要比年轻人花费更多的时间，有规律的智力任务有助于阻止其智力下降，有成千上万的老年人都参与到游戏中，如扑克、象棋等。大量科学证据指出，重要的好习惯对老年人的健康起着重要作用，运动专家鼓励老年人走路、跑步、骑车、徒步旅行、跳舞或进行有氧运动，力量训练使人受益匪浅，甚至可以使身体较为虚弱的老年人也受益。积极参加体育运动不是为了增加寿命，而是为了保持身体和心理的活力，从社会学的角度来说，也是积极老龄化的一种体现。

政府主导建立设施完备、功能齐全的综合性老年人活动中心或类似的老年人活动场所，为老年人学习提供固定活动场所。固定的活动场所与规律的活动习惯可以提高老年人对晚年生活的满意度，活动给予老年人的心理满足与适当社交也能够让老年人免于因停止工作、缺少陪伴而带来的负面情绪与消极状态，如孤独、抑郁、焦虑等，老年人不会觉得自己老了没用了。事实上，为老年人提供良好的学习、交流、娱乐、充实自己的条件可以让老年人的生活更加充实，这一方面保证了老年人健康的身体和心理状态，另一方面更是促进老年人消费的有利途径。

（五）老有所为

老有所为理念的提出是对老年人还能为国家、社会、家庭做出贡献的肯定，第一次老龄问题世界大会通过的《1983年维也纳

[①] 〔美〕詹姆斯·W·范德赞登等：《人类发展》（第八版），俞国良等译，中国人民大学出版社，2011。

老龄问题国际行动计划》指出世界发展的目标是在全体公民充分参与发展并公平分配所得利益的基础上，改善全体公民的生活。在发展过程中必须提高人的尊严，使不同年龄组的人平等分享社会资源并且平等分担责任。① 第二次老龄问题世界大会通过的《2002年马德里老龄问题国际行动计划》更是强调，老年人的潜力是未来发展的强大基础，这使社会能够越来越重视老年人的技能、经验和智慧，不仅可以发挥老年人在改善自身福祉方面发挥主导作用，也是让老年人积极参与整个社会的改善。②

老年人因为老化而体力与智力有逐渐下降的现象，但在经历长期的生活、工作后，老年人所累积的生活经验与智慧却是一般年轻人所无法企及的。因此，老有所为中一个重要方面就是老年人力资源的开发与利用，这可以切实提高老年群体收入，是六个"老有"的重要经济保障，也是扩大老年人消费的必要保障，有助于提升老年人消费能力，引导老年人消费。另外，专业技术领域老年人才的继续就业可以为社会发展做出更多贡献。与收入保障问题密切相关的是工作权利和退休权利。在世界大部分地区，老年人在进入劳动力市场和参与有利于他们为整个社会生活与社会福利做贡献的经济活动时都遇到了普遍存在的年龄歧视问题，老年人进入劳动力市场困难重重。老年人的非规范就业问题应当引起关注，尤其是女性就业人员。③ 老年人拥有自主选择退休与继续工作的权利，政府应当保障老年人的合法权益。

---

① 联合国：《第一次老龄问题世界大会》，1983，http：//www.un.org/chinese/esa/ageing/1stageing.html。
② 联合国：《第二次老龄问题世界大会》，2002，https：//documents-dds-ny.un.org/doc/UNDOC/GEN/N02/397/50/PDF/N0239750.pdf?OpenElement。
③ 国际劳工组织：《2015年世界就业与社会展望报告》，2015，https：//www.ilo.org/wcmsp5/groups/public/---asia/---ro-bangkok/---ilo-beijing/documents/publication/wcms_539888.pdf。

但是，老有所为不单单指老年人的就业问题，还应该包括老年人对社会的无私奉献[1]，政府应鼓励老年人积极参与社会公益事业，发展老年志愿服务，将老年人的经验、智慧贡献给全社会。《老年人权益保障法》鼓励老年人根据自身情况，参与对传统文化知识的传播，尤其是针对年轻一代，向他们讲授社会主义爱国精神的内容，同时提倡老年人对科学文化知识进行推广传播等。有研究发现，如果儿童与祖父母能够花费大量时间相互陪伴，那么双方都能从中获益[2]，如今的老年人比过去一代的老年人更健康、活跃，并拥有较高的受教育程度、较多的钱财和闲暇时间，他们拥有更好的条件照顾孙子女。无论什么文化，祖父母和曾祖父母对他们的孙子女而言都是很重要的成长资源，他们能够从一起度过的时光中收获满足感。这种家庭成员之间的互动是家庭支持与代际转移的一种体现，不论城镇地区还是农村地区，老年人为孙子女提供生活照料可以提高老年人基本需求型消费水平。除了家庭照料，社会中老人与儿童的相处也不难实现，例如养老院与幼儿园之间的合作发展是老与幼的共生，是老有所为的良好体现。不论是从事经济活动，还是为家庭、为社会提供无偿劳动，都离不开政府的积极引导与政策鼓励，实现老有所为对于政府以及老年人本身来说是一个双赢的结果。

（六）老有所乐

所谓老有所乐，是指以娱乐为目的开展的老年人休闲活动，其可以使老年人心情舒畅、幸福欢度晚年。这是提高老年人生活

---

[1] 邬沧萍、杨庆芳：《"老有所为"是我国积极应对人口老龄化的客观要求》，《人口与发展》2011年第6期。
[2] 〔美〕詹姆斯·W·范德赞登等：《人类发展》（第八版），俞国良等译，中国人民大学出版社，2011。

质量和生命质量的重要因素，也体现了具有人文关怀的社会与文化的支持。老有所乐是高质量晚年生活的最高要求，老年人能够颐养康乐，历来被人们称道。大量科学研究都认为，频繁的社会接触关系人们健康的保持、应对能力的提升及生活满意度的提高。对于老年人而言，与朋友的接触比与成年子女的接触能产生更强的社交幸福感[1]，老年人不再像年轻时那样需要照顾子女，他们有着与年轻时不同的生活习惯和活动，时间的易得性为其提供了重构老年友谊或交新朋友的机会，老年人的社交网络在其晚年生活中具有非凡意义，这是老年人在晚年保持社会化的重要途径。依托健全的社交网络，老年人可以进行丰富的文体活动与娱乐项目。以老年人旅游发展为例，根据《中国老年人旅游消费行为研究报告2016》，在经济和身体条件等都允许的情况下，国内81.2%的老年人愿意去旅游[2]，越来越多的针对老年人开发的旅游产品满足了老年人的多样需求。政府则需要对旅游市场进行鼓励并给予政策扶持，同时也需要规范老年旅游市场秩序，让银色旅游经济健康发展，并发挥其促进老年人口消费的积极作用。

六个"老有"相互联系、相互补充，不论哪个环节都需要政府的支持与引导，更需要政府立法保护，随着老年人需求的多样化，政府针对性的老年政策也需要随之调整与完善。在提供公共产品方面，中国政府具有强大的供给能力。[3] 因此本书建议应进一步加大政策扶持力度，构建多层次、多维度的消费服务体系，形

---

[1] Pinquart, S. W., Silvia, Sö Rensen, M., "Changes in Attitudes Among Children and Elderly Adults in Intergenerational Group Work," *Educational Gerontology*, 2000, 26 (6).

[2] 孟环：《中老年人旅游消费行为报告：超三成中老年选择自助游》，中国社会科学网，2016，http://www.cssn.cn/dybg/gqdy_sh/201609/t20160920_3206924.shtml。

[3] Beckert, S., *Empire of Cotton: A Global History*, Alfred A. Knopf, 2014.

成并利用合理的机制及社会政策体系将资源整合，推进城乡一体化与区域一体化发展，从而在提高消费水平、优化消费结构的过程中实现效用最大化。同时针对老年人口及其消费特征，形成积极的养老政策、医疗政策、教育政策、就业政策、产业政策等多层次资源支撑和保障。除此之外，还要加大政府的民生投入，这一方面对改善人民生活、提高国民素质、增进人民福祉有明显的促进作用，另一方面对经济和社会发展有直接或间接的推动作用。[1] 总的来说，政府为消费生态系统提供积极良好的生态环境，并对整个系统抵抗外在干扰起着缓冲与保护作用，保证生态系统的稳定运行。在市场运行的过程中，需要政府做引导，由政府提供市场运行的准则，严厉监管市场。这样的市场虽然是一个不"自由"的市场，但同时也是一个更有效率的市场，在政府提供的良好发展环境下，可以确保市场稳定有序运行。我们强调由市场决定的经济体制是建立在政府提供强大公共产品的基础事实上的。纵观全球经济发展史，企业往往是不择手段来降低成本，而非提高技术水平来提高生产力和赚取利润[2]，因此我们需要强大的政府能力来控制风险。在政府的扶持、调控和干预下，市场不仅可以充满活力，而且可以实现整体风险的可控。

二 市场积极参与

政府提供了积极的消费生态环境，还要进一步助推包括企业、非政府组织、社会团体等社会各方面力量参与，例如积极发展老年相关产业的服务，鼓励企业开展老年服务，基于信息网络建立

---

[1] 景天魁:《超越进化的发展——"十二五"时期中国经济和社会发展回眸与思考》,《社会学研究》2016年第2期。

[2] 〔英〕罗伯特·C. 艾伦:《全球经济史》,陆赟译,译林出版社,2015。

丰富的消费生态系统。针对老年人口的消费市场的确是一个商机，然而国内的企业对此并未重视，为老年人口提供产品与服务的市场"叫好不叫座"。国务院印发的《关于积极发挥新消费引领作用加快培育形成新供给新动力的指导意见》肯定了市场在经济发展中的决定性作用，强调了以市场为主导的发展对社会活力的带动作用，旨在发挥市场在经济转型期推动创新型消费、释放经济发展动力的引领作用。事实上，市场比政府更加了解消费者需求，这种优势应当被充分利用，尤其是在老年消费市场发展的成长期，老年消费者的需求应当由"市场的手"充分挖掘。

针对老年人的产品与服务，除常见的医疗、护理等服务外，还应当特别强调创新性，进而构建能够满足有关老年人自我实现型消费需求的多元服务体系。服务业的发展反映了居民消费的有效需求，在产业升级与转型的关键时期，唯有服务业成功完成转型，方能满足现代市场经济对服务业的需求[1]。面向老年人口的产品开发与服务的供给是服务业转型的一个重要发力点，能够创造新的就业增长点，直接或间接拉动经济保持可持续稳定增长。

在老年人口消费市场的开发过程中需要明确的是，老年人口与其他年龄人口一样，同属于消费者范畴，一方面市场需要供给能够满足老年人口特殊需求的产品与服务，另一方面也应当避免将老年人口标签化，并避免对城乡老年人口产生刻板印象。

老年人口规模日益扩大，老年人的消费需求也逐渐凸显，但是老年用品与服务市场的发展并不尽如人意。本书发现，不同个体特征的老年人表现出不同的消费特征，因此有必要根据不同群体老年人口的规模及消费特征有序推动面向老年人的产品与服务

---

[1] 黄家骅：《服务业供给侧发力，提升居民消费需求》，中国社会科学网，2016，http://www.cssn.cn/dzyx/dzyx_llsj/201609/t20160927_3217702_2.shtml。

市场的发展。老年用品及服务市场的发展也要以六个"老有"为指导原则，满足老年人在养老、医疗卫生、学习与教育、从事有偿或无偿劳动、娱乐与休闲等方面的多层次需求。值得注意的是，不同时期出生的老年人口的消费需求具有明显时代特征，当前的老年人口与未来十年、二十年的老年人的消费需求会大有不同，随着时代进步、科技发展，老年人的消费需求会更加多样化，中国将拥有一个潜力巨大的银发市场。目前来看，医疗卫生产品与服务市场发展得最为繁荣，其也是老年人不同于其他年龄人群的一个重要消费特征。但是随着老年人规模的继续扩大，医疗卫生市场也应当满足老年人多样化的消费需求，例如刚步入老龄的老年人或身体状况较好的老年人会更加注重身体的保健与养生，从而会增加在疾病预防方面的开支，那么市场则需要加强对老年人易患疾病预防方面的服务供给。反之，对于身体状况欠佳、半失能甚至失能的老年人来说，疾病预防与保健则远不能满足他们的需求，身体的康复治疗与有效的照料才是他们更加需要的。

  作为最理想的养老模式，居家养老是目前最符合我国国情的养老模式，其既能够解决我国养老机构供给不足的问题，又符合我国传统家庭伦理道德的观念。鉴于我国特殊的计划生育政策及家庭的核心化发展，子女赡养老人的能力十分有限。那么，那些身体状况欠佳、半失能甚至失能的老人在选择居家养老时会产生方方面面的需求，从吃饭到吃药，从个人护理到身体康健，他们就需要市场提供足不出户的上门服务。除了护理人员提供全天候居家服务外，还可以对老年人住房进行可操作化的改装，建立家用电器云系统，使老年人的居家生活更加便捷。另外，在购买方式上，老年消费者多数选择在大商场和离家较近的商店购买，因此，社区住房附近的便利服务也至关重要，这样一来，家庭基本的生活需求可以在社区得到满足，市场介入社区生活服务的供给能够形成竞争机制，有利于为社区居民提供高效、优质的生活服务。其他老年服务则可以借助生活服务智慧平台完成，生活服务智慧平台为服务提供者与服务享受者的信息沟通与交换提供了有效渠道，实现居家服务、社区服务与扩展服务之间的良好对接，让老年人更好地享受信息化社会的科技创新服务。当居家养老没办法实现时，养老机构可以作为辅助养老方式。因此，养老机构的发展需要考虑为老年人提供多样化的个性服务。部分养老机构设施陈旧，服务人员素质参差不齐，提供低端服务则只能面向生活水平低下的老年人，这样的养老机构往往面临运转困难和效益不佳的问题，政府为养老机构提供的转移支付成为其主要运转资金来源。而一些高端养老服务机构同时面临成本高、入住率低的困境。因此准确预测养老资源供需关系，提高现有养老机构服务的专业化水平，实现机构养老运转模式的转型是破解发展困境实现盈利的有效途径。

老年人对智能设备的熟练使用可以丰富老年人的娱乐与休闲生活，例如老年摄影爱好者对手机、电脑等设备的熟练使用可以帮助其处理摄影作品，还可以在网络上学习摄影技巧，在网络社区相互交流、分享信息等。网络传媒的发展创造了庞大的消费空间，企业则可以开发将老年人考虑在内的便于操作的产品与服务，老年人参与网络直播，可以分享他们的生活经历与学识经验，同时还可以在参与网络社区互动的过程中保持思想的积极活跃。实体活动社区也必不可少，鼓励小微企业成立社会团体、俱乐部等团体组织，满足老年人对本地服务的需求，加强社团学员之间的相互沟通与交流。

我国规定退休年龄较早，而我国人口预期寿命约不到77岁，老年人退休意味着有丰富经验的人才的流失，因此，市场可以为老年人提供合适的职位，让老年人参与到社会经济活动中，开发老年人力资本，将老年人丰富的知识技能与经验进行传播。这样一来，老年人一方面可以实现其社会价值，另一方面还可以积累养老资产，进而提高消费力和购买力。

再者，应当避免将老年人标签化，避免将他们看作孤立的群体。市场上有些产品的适用对象定位为老年人，而老年人不愿意被认定为"不中用"。人的生活状态与精神状态取决于自我感知年龄，即自身认为的年龄。[①] 老年人依旧热爱美丽、追求活力，因此老年人日常生活用品的供给应当考虑产品本身的优质性与美观性，不宜过多设定"老年人""衰老""疾病缺陷"等概念。相较于产品与年龄的般配度，产品的效用与价值更为消费者广泛接受。相信没有哪位老年人希望被朋友看到自己选购贴有"老化"标签的产品，因此老年人口的产品与服务应当避免年龄歧视，消除产品供应的年龄分隔线。市场需要提供的产品与服务应当具备老年人易获得的特性，而不是将社会打造成为一个孤立的养老社区。例如健康食品是每个人的追求，而并非老年人独享，开发健康食品不仅能够满足老年人的消费需求，更是对每个年龄段的消费需求的满足。在此基础之上，市场还要注意避免对城乡老年人口消费产生刻板印象。城镇与农村老年人口固然有各自特征，其消费行为也有差异，但是这种差异很大程度上是由城乡二元结构的制度本身造成的，且对两者的区别对待反而会恶化城乡差异。结合前文分析结论，为老年人提供产品与服务时应当注意城乡的统筹发展，老年人口的消费需求及其满足不应当因制度而有所不同。

---

① 〔美〕迈克尔·所罗门等：《消费者行为学》（第10版），杨晓燕等译，中国人民大学出版社，2014。

总之，要鼓励小微企业创新发展，为老年人口提供丰富的产品与多样的服务，将老年人口消费市场放置于全年龄、全区域的人口消费市场，利用现代化信息技术提升市场总供给的品质与供给效率，推动居民消费的扩大与升级。同时，由政府控制风险，保障市场在有序环境下充分发挥其主体作用，加快形成新时期经济发展供给动力。

三 消费者观念转变

老年人对晚年生活的规划，维持正向的自我认知并建立积极的生命意义，事实上也是消费观念的转变。闲暇时间增加的老年生活可能面临身体和心理状态的改变、社会关系的转变等问题。首先，体力和智力的变化是衰老过程中不可避免的，这些变化带来了与年龄相伴的体型的改变，例如皱纹、秃顶、佝偻等，除了一些个体差异外，变老的过程最终会在不同程度上影响每个人的感觉功能、智力功能、健康和体型等。[1][2] 其次，老年人还面临心理与精神状态的转变。因为拥有大量的闲暇时间，老年人容易寂寞清闲。一般的社会价值较重视工作却忽视休闲，而当老年人停止工作后，多不懂得休闲，因此可能容易产生老而无用、被社会遗弃的想法。[3][4] 老年人面临的另外一个重要转变就是社会角色的转变。所谓角色是对占据某个地位的人的行为期望，作为判断人们地位与角色的依据之一的年龄也被赋予了多种角色期望，而老年通常意味着地位的丧失，就像青年被认为是一生中最有希望的时期，而老年则被认为是希望最少的时期。这样一来，老年人的

---

[1] Cottrell, F., *Aging and the Aged*, William C. Brown Pub, 1974.
[2] Cockerham, W.C., *This Aging Society*, Prentice Hall, 1991.
[3] 徐立忠：《退休生涯规划》，《社会福利》（台湾）1998年第137期。
[4] 许滨松：《如何提升退休生活品质》，《人事月刊》（台湾）1997年第1期。

晚年生活将变为消极的、负面的。

为了最大可能避免上述问题的发生，老年人应当对其晚年生活做一些规划。对角色转化做预先规划是重中之重，老年人退出原有社会关系而转向以家庭或休闲为主的社会关系，在这个过程发生前老年人应当做预先判断，从心理上接受这种角色的转变，并去适应新的角色。在此基础之上，老年人还要注重身体保健和心理建设，健康是老年人的基本需求，应当重视优生学中对于克服或延缓健康老化进程的相关内容，例如改变生活方式，注重食物的营养搭配并进行适当运动，限制高热量食物的摄取，选择天然的抗氧化物，尽早开始预防老化。[1] 另外还要对晚年的居住、活动进行有计划的安排，老年人对"与谁同住""住在哪"等的选择会产生不同的影响。充实闲暇时间的活动安排，积极参与课程学习或从事工作、协助工作等可以减少老年人失去角色的空虚感，并在学习的过程中增加成就感，提升老年人晚年生活的生命意义。对晚年生活的预先规划可以让老年人拥有更为健康的身体与令人满意的社会支持关系，通过提高老年人对环境的安全感及自我认知感来提高老年人享受生活的能力，进而优化老年人的整体生活品质。在我国，儒家传统文化所倡导的尊老爱老的道德思想已经为老年人提供了良好的文化背景，老年人更应该从自身出发并积极应对晚年生活，避免退休震荡现象的发生，同时也肯定其自身的生命价值。老年人在合理规划晚年生活、优化生活品质的过程中也实现了消费观念从满足生存需要的求实型消费观念向以丰富晚年生活为目的的发展型消费观念的转变。

消费信心亦具有非凡的意义，其有助于新型消费观念的形成，

---

[1] 李宗派：《老化理论与老人保健（一）》，《身心障碍研究》（台湾）2004年第1期。

通过提升自身潜能、增加个人收入，有效实现消费提升。在中国，父母在儿女成家立业甚至儿孙绕膝后，就完成了对家族血脉的延续，完成了对家庭的责任与义务。这个时候老年人无须再为儿女操劳，拥有充裕的时间和金钱用于自主消费。那些拥有劳动能力的健康老年人，在作为人力资本再投入到社会经济的发展过程中，不仅可以增加经济收入，提高自我养老能力，还对国家社会经济发展也做出了重要贡献[1]。老年人口收入预期的提高，增强了其对经济前景及未来购买能力的信心，有助于提高老年人的消费意愿，从而有利于扩大老年人口的消费规模。

政府提供稳定、健康的消费环境，市场提供多样化的产品与服务，有利于老年消费者建立消费信心并逐步形成积极的消费观念，进而有利于挖掘和拓展老年人口的消费潜力。老年消费生态系统构建的核心是老年人口消费观念的转变，这是一个长期的过程，其不仅涉及消费观念的转变，更涉及人们关于老龄化问题的认识。联合国通过设定国际老年人日，致力于让人们关注并改变社会对老年人和老龄化持有的消极观念和误解，以此坚决反对老年歧视。联合国前秘书长潘基文提出在履行承诺、为所有人建立有尊严和人权的生活的过程中，需要有力地反对所有形式的年龄歧视，并努力使老年人能够发挥自己的潜力。事实上，满足老年人口消费需求是对老年人人权更高层次的保护。

第三节 本章小结

本章建议构建政府、市场与消费者多元主体参与、多层次合作共生的可持续发展的消费生态系统。在提升老年人口消费水平

---

[1] 熊必俊：《关于我国老年人口收入的研究》，《市场与人口分析》2005 年第 S1 期。

的过程中，政府担负设计顶层制度的关键职责，需要建立有利的政策环境，消除阻碍消费产业发展的制度壁垒，为市场、个人的安全消费行为保驾护航，发挥其强大的扶持、调控和干预作用，将整体预期风险控制在可控范围内。以六个"老有"为战略目标，完善公共产品的供给，构建多层次、多维度的消费服务体系，利用合理的机制及社会政策体系将资源整合，推进城乡一体化与区域一体化发展，形成积极的养老政策、医疗政策、教育政策、就业政策、产业政策等多层次资源支撑和保障。政府提供积极的消费生态环境，还要进一步助推包括企业、非政府组织、社会团体等社会各方面力量参与，要鼓励小微型企业创新发展，为老年人口提供丰富的产品与多样化的服务，将老年人口消费市场放置于全年龄、全区域人口消费市场，利用现代化信息技术提升市场供给的品质与供给效率，推动居民消费的扩大与升级。老年人对晚年生活的规划，包括对角色转化的规划、对身心健康的保健以及对晚年居住与活动等的规划，有助于老年人维持正向的自我认知并建立积极的生命意义，事实上这也是消费观念的转变。政府提供稳定、健康的消费环境，市场提供多样化的产品与服务，有利于老年消费者建立消费信心，并逐步形成积极利好的消费观念，进而挖掘和拓展老年人口的消费潜力。

参考文献

〔法〕多米尼克·戴泽:《消费》,邓芸译,商务印书馆,2015。

〔法〕魁奈:《魁奈经济著作选集》,吴斐丹、张草纫选译,商务印书馆,1997。

〔法〕让·鲍德里亚:《消费社会》,刘成富、全志钢译,南京大学出版社,2014。

〔法〕阿尔弗雷·索维:《人口通论》(下册),查瑞传等译,商务印书馆,1982。

〔美〕戴维·波普诺:《社会学》(第十一版),李强等译,中国人民大学出版社,2015。

〔美〕凡勃伦:《有闲阶级论——关于制度的经济研究》,蔡受百译,商务印书馆,1964。

〔美〕罗伯特·C. 艾伦:《全球经济史》,陆赟译,译林出版社,2015。

〔美〕迈克尔·所罗门等:《消费者行为学》(第10版),杨晓燕等译,中国人民大学出版社,2014。

〔美〕詹姆斯·W·范德赞登等:《人类发展》(第八版),俞国良等译,中国人民大学出版社,2011。

白天亮:《职工退休平均年龄53岁,调整退休年龄时机不成熟》,人民网,2005,http://politics.people.com.cn/GB/1027/3947006.html。

参考文献

白重恩等：《中国养老保险缴费对消费和储蓄的影响》，《中国社会科学》2012年第8期。

岑詠霆、金德琅：《老年教育拉动消费比重指数及经济保障效率指数研究》，《数学的实践与认识》2014年第5期。

丁向阳、蔡海清：《论教学与教育的同一》，《当代教育论坛》2009年第22期。

杜乐勋等：《中国卫生总费用——计量经济学分析与预测》，《中国卫生经济》2000年第3期。

杜鹏：《老年人口划分标准问题》，《人口研究》1992年第2期。

杜鹏：《中国人口老龄化过程研究》，中国人民大学出版社，1994。

杜鹏、王武林：《论人口老龄化程度城乡差异的转变》，《人口研究》2010年第2期。

樊颖等：《中国城镇老年消费特征及财富效应的微观实证研究》，《消费经济》2015年第3期。

范叙春：《退休消费之谜：方法、证据与中国解释》，《南方人口》2015年第6期。

方福前：《中国居民消费需求不足原因研究——基于中国城乡分省数据》，《中国社会科学》2009年第4期。

房莉杰：《理解我国现阶段的长期照护政策》，《北京工业大学学报》（社会科学版）2015年第5期。

冯丽云：《北京人口老龄化与老年消费行为研究》，《北京联合大学学报》（人文社会科学版）2004年第1期。

高海珊、崔清新：《劳动和社会保障部：中国暂不调整离退休年龄》，人民网，2005，http://politics.people.com.cn/GB/1027/3946452.html。

管克江等：《全球68个国家地区明年步入老龄社会 多国寻求出路》，

人民网，2014，http：//finance. people. com. cn/n/2014/0828/c1004-25553997. html。

国际劳工组织：《2015年世界就业与社会展望报告》，2015，https：//www. ilo. org/wcmsp5/groups/public/---asia/---ro-bangkok/---ilo-beijing/documents/publication/wcms_539888. pdf。

国家统计局：《2015年国民经济和社会发展统计公报》，2015，http：//www. stats. gov. cn/tjsj/zxfb/201602/t20160229_1323991. html。

国家统计局：《中国统计年鉴—2012》，中国统计出版社，2012。

国家统计局：《中国统计年鉴—2014》，中国统计出版社，2012。

国家统计局：《中国统计年鉴—2016》，中国统计出版社，2012。

贺菊煌：《个人生命分为三期的世代交叠模型》，《数量经济技术经济研究》2002年第4期。

贺菊煌：《人口变动对经济的影响》，《人口与经济》2004年第2期。

贺菊煌：《消费函数分析》，社会科学文献出版社，2000。

贺立龙、姜召花：《新农保的消费增进效应——基于CHARLS数据的分析》，《人口与经济》2015年第1期。

黄家骅：《服务业供给侧发力，提升居民消费需求》，中国社会科学网，2016，http：//www. cssn. cn/dzyx/dzyx_llsj/201609/t20160927_3217702_2. shtml。

黄锦山：《老化教育的重要性与策略》，《师友月刊》（台湾）2009年第11期。

黄卫挺：《中国消费函数的研究方法探讨》，《经济学动态》2011年第11期。

贾颖：《转型时期中国居民消费分析及宏观政策研究》，博士学位论文，财政部财政科学研究所，2012。

景天魁：《超越进化的发展——"十二五"时期中国经济和社会发展回眸与思考》，《社会学研究》2016年第2期。

劳林江等：《生命早期营养不良与成年期心血管功能的关系》，《浙江大学学报》（医学版）2015年第3期。

乐昕：《老年消费如何成为经济增长的新引擎》，《探索与争鸣》2015年第7期。

乐昕：《我国老年消费数量的人群差异研究——以2011年CHARLS全国极限调查数据为例》，《人口学刊》2015年第5期。

乐昕、彭希哲：《老年消费新认识及其公共政策思考》，《复旦学报》（社会科学版）2016年第2期。

李春琦、张杰平：《中国人口变动对农村居民消费的影响研究》，《中国人口科学》2009年第4期。

李方正、王健：《转型期我国经济增长主导方式的探讨——基于消费和投资的视角分析》，《经济问题探索》2014年第5期。

李宏彬等：《中国居民退休前后的消费行为研究》，《经济学（季刊）》2015年第1期。

李建民：《老年人消费需求影响因素分析及我国老年人消费需求增长预测》，《人口与经济》2001年第5期。

李文星等：《中国人口年龄结构和居民消费：1989-2004》，《经济研究》2008年第7期。

李宗派：《老化理论与老人保健（一）》，《身心障碍研究》（台湾）2004年第1期。

联合国：《第二次老龄问题世界大会》，2002，https：//documents-dds-ny.un.org/doc/UNDOC/GEN/N02/397/50/PDF/N0239750.pdf？OpenElement。

联合国:《第一次老龄问题世界大会》,1983,http://www.un.org/chinese/esa/ageing/1stageing.html。

联合国经济和社会事务部人口司:《世界人口展望2015》,2015。

梁宏:《广州市老年人口的消费状况分析》,《南方人口》2009年第2期。

梁思雨等:《老龄化背景下城镇老年人体育消费研究述评》,《体育科学研究》2013年第2期。

刘铠豪、刘渝琳:《中国居民消费增长的理论机理与实证检验——来自人口结构变化的解释》,《劳动经济研究》2014年第2期。

刘敏、李中明:《浅论中国古代黜奢崇俭的消费思想》,《消费经济》2004年第5期。

刘岁丰等:《我国老龄化与老年医疗保障》,《医学与哲学》2006年第1期。

刘西国:《社会保障会"挤出"代际经济支持吗?——基于动机视角》,《人口与经济》2015年第3期。

刘远风:《新农保扩大内需的实证分析》,《中国人口·资源与环境》2012年第2期。

刘子兰、宋泽:《中国城市居民退休消费困境研究》,《中国人口科学》2013年第3期。

龙志和、周浩明:《中国城镇居民预防性储蓄实证研究》,《经济研究》2000年第11期。

路丙辉:《中国传统孝文化在现代家庭道德建设中的价值》,《安徽师范大学学报》(人文社会科学版)2002年第1期。

罗光强、谢卫卫:《中国人口抚养比与居民消费——基于生命周期理论》,《人口与经济》2013年第5期。

马芒、张航空:《城市老年人消费水平影响因素分析——以上海为例》,《人口与发展》2011年第6期。

毛中根等:《中国人口年龄结构与居民消费关系的比较分析》,《人口研究》2013年第3期。

孟环:《中老年人旅游消费行为报告:超三成中老年选择自助游》,中国社会科学网,2016,http://www.cssn.cn/dybg/gqdy_sh/201609/t20160920_3206924.shtml。

孟梅等:《河北省中型城市老年人体育消费的现状调查及对策分析》,《商场现代化》2008年第12期。

欧阳卫民:《中国消费经济思想史》,中共中央党校出版社,1994。

平准学刊委员会编《平准学刊第三辑》,中国商业出版社,1986。

任远:《社会融合不足使城乡面临"发展陷阱"》,《中国社会科学报》2016年4月13日。

申家宇:《马克思消费理论的形成逻辑与启示》,《学习与探索》2016年第8期。

石贝贝:《基于人口指标的中国老年人力资本测算与实证:2000-2010》,《老龄科学研究》2015年第10期。

时应峰:《关于我国引发旅游消费市场的研究》,《山东工商学院学报》2007年第4期。

世界银行:《世界发展指标》,2021,http://wdi.worldbank.org/table/4.8#。

宋保庆、林筱文:《人口年龄结构变动对城镇居民消费行为的影响》,《人口与经济》2010年第4期。

宋岩:《国务院印发〈关于积极发挥新消费引领作用加快培育形成新供给新动力的指导意见〉》,新华网,2016,http://news.xinhuanet.com/2015-11/23/c_1117229577.htm。

宋铮:《中国居民储蓄行为研究》,《金融研究》1999年第6期。

孙凤:《预防性储蓄理论与中国居民消费行为》,《南开经济研究》2001年第1期。

孙凤:《中国居民的不确定性分析》,《南开经济研究》2002年第2期。

佟新:《人口社会学》(第四版),北京大学出版社,2010。

万广华等:《流动性约束、不确定性与中国居民消费》,《经济研究》2001年第11期。

王涤、周少雄:《中国孝道文化的时代演进及其老年学意义》,《市场与人口分析》2003年第1期。

王菲:《我国城市老年人消费行为的实证研究》,《人口与发展》2015年第3期。

王金营、付秀彬:《考虑人口年龄结构变动的中国消费函数计量分析——兼论中国人口老龄化对消费的影响》,《人口研究》2006年第1期。

王宁:《从苦行者社会到消费者社会》,社会科学文献出版社,2009。

王学军:《现代消费行为理论研究述评》,《兰州学刊》2010年第9期。

王宇鹏:《人口老龄化对中国城镇居民消费行为的影响研究》,《中国人口科学》2011年第1期。

邬沧萍、杨庆芳:《"老有所为"是我国积极应对人口老龄化的客观要求》,《人口与发展》2011年第6期。

谢美娥:《从退休的规划、老化适应理论、自我知觉与生命意义探讨退休老人的生活品质》,《东吴社会工作学报》(台湾)2013年第25期。

熊必俊:《关于我国老年人口收入的研究》,《市场与人口分析》

2005 年第 S1 期。

徐立忠：《退休生涯规划》，《社会福利》（台湾）1998 年第 137 期。

徐丽萍等：《中国老年人生活成本和标准消费系数测算》，《人口与发展》2011 年第 3 期。

许滨：《如何提升退休生活品质》，《人事月刊》（台湾）1997 年第 1 期。

许永兵：《中国居民消费率研究》，中国社会科学出版社，2013。

杨河清、陈汪茫：《中国养老保险支出对消费的乘数效应研究：以城镇居民面板数据为例》，《社会保障研究》2010 年第 3 期。

杨庆芳、张航空：《老年人个人消费和家庭消费及其影响因素——以北京海淀为例》，《西北人口》2014 年第 2 期。

杨晓奇：《人口老龄化对经济结构调整的影响》，《老龄科学研究》2014 年第 5 期。

杨赞等：《中国城镇老年家庭的消费行为特征研究》，《统计研究》2013 年第 12 期。

姚引妹：《人口抚养比：理论与实际的偏离及修正》，《中国人口科学》2010 年第 6 期。

姚远：《血亲价值论：对中国家庭养老运行机制的理论探讨》，《中国人口科学》2000 年第 6 期。

尹清非：《近 20 年来消费函数理论的新发展》，《湘潭大学学报》（哲学社会科学版）2004 年第 1 期。

于学军：《中国人口老化的经济学研究》，《中国人口科学》1995 年第 6 期。

袁志刚、宋铮：《人口年龄结构，养老保险制度与最优储蓄率》，《经济研究》2000 年第 11 期。

原新:《老年人消费需求与满足需求能力基本关系的判断》,《广东社会科学》2002年第3期。

岳爱等:《新型农村社会养老保险对家庭日常费用支出的影响》,《管理世界》2013年第8期。

曾广福:《西方消费理论述评》,《学术界》2006年第4期。

张璐、孔灵芝:《预防慢性病:一项至关重要的投资——世界卫生组织报告》,《中国慢性病预防与控制》2006年第1期。

"Preventing Chronic Diseases: A Vital Investment," World Health Organization, 2016, http://www.who.int/chp/chronic_disease_report/contents/en.

"The Grey Market: Older Consumers Will Reshape the Business Landscape Grey Market," *The Economist*, 2016, http://www.economist.com/news/business/21696539-older-consumers-will-reshape-business-landscape-grey-market.

Antonucci, T. C., et al., "Well-Being Among Older Adults on Different Continents," *Journal of Social Issues*, 2002, 8 (4).

Barnett, S. A., Brooks, R., "China: Does Government Health and Education Spending Boost Consumption?" *Social Science Electronic Publishing*, 2010, 16 (10).

Beckert, S., *Empire of Cotton: A Global History*, Alfred A. Knopf, 2014.

Blanchard, O., Giavazzi, F., "Rebalancing Growth in China: A Three-Handed Approach," *China & World Economy*, 2006, 14 (4).

Blau, Z. S., *Aging in a Changing Society*, Franklin Watts, 1981.

Blumer, H., *Symbolic Interaction: Perspective and Method*, University of

California Press, 1986.

Blumer, H., "Society as Symbolic Interaction," in *Human Behavior Social Processes: An Interactionist Approach*, ed. Rose, A. M., Houghton Mifflin, 1962.

Bosworth, H. B., Schaie, K. W., "Survival Effects in Cognitive Function, Cognitive Style, and Socio-Demographic Variables in the Seattle Longitudinal Study," *Experimental Aging Research*, 1999, 25 (2).

Bronfenbrenner, U., *The Ecology of Human Development*, Harvard University Press, 1979.

Caballero, R. J., "Consumption Puzzles and Precautionary Saving," *Journal of Monetary Economics*, 1990, 25 (1).

Carroll, C. D., "Buffer-Stock Saving and the Life Cycle Permanent Income Hypothesis," *The Quarterly Journal of Economics*, 1997, 112 (1).

Cicirelli, V. G., "Sibling Relationships in Adulthood," *Marriage & Family Review*, 1991, 16 (3-4).

Cockerham, W. C., *This Aging Society*, Prentice Hall, 1991.

Connidis, I. A., Campbell, L. D., "Closeness, Confiding, and Contact among Siblings in Middle and Late Adulthood," *Journal of Family Issues*, 1995, 16 (6).

Cottrell, F., *Aging and the Aged*, William C. Brown Pub, 1974.

Cumming, E., Henry, W. E., *Growing Old: The Process of Disengagement*, Basic Books, 1961.

Deaton, A., "Saving and Liquidity Constraints," *Econometrical*, 1991, 59 (5).

Deaton, A. S., Paxson, C. H., "The Effects of Economic and Population Growth on National Saving and Inequality," *Demography*, 1997, 34 (1).

Demery, D., Duck, N. W., "Savings-Age Profiles in the UK," *Journal of Population Economics*, 2006, 19 (5).

Duesenberry, J. S., *Income, Saving and the Theory of Consumer Behavior*, Harvard University Press, 1949.

Elder, G. H., *Children of the Great Depression: Social Change in Life Experience*, University of Chicago Press, 1974.

Erikson, E. H., *The Life Cycle Completed: A Review*, W. W. Norton & Company, 1982.

Hall, R. E., "Stochastic Implications of the Life Cycle-Permanent Income Hypothesis: Theory and Evidence," *Journal of Political Economy*, 1978, 86 (6).

Harris, T., et al., "Longitudinal Study of Physical Ability in the Oldest-Old," *American Journal of Public Health*, 1989, (79).

Hendricks, J., Hendricks, C. D., *Aging in Mass Society: Myths and Realities*, Little Brown, 1986.

Henry, W. E., "Engagement and Disengagement: Toward a Theory of Adult Development," in *Contributions to the Psychology of Aging*, ed. Kastenbaum, R., Springer, 1965.

Higgins, M., Williamson, J. G., "Age Structure Dynamics in Asia and Dependence on Foreign Capital," *Population and Development Review*, 1997, 23 (2).

Hock, H., Weil, D. N., "On the Dynamics of the Age Structure, Dependency, and Consumption," *Journal of Population Economics*,

2012, 25 (3).

Horioka, C. Y., Wan, J., "The Determinants of Household Saving in China: A Dynamic Panel Analysis of Provincial Data," *Journal of Money, Credit and Banking*, 2007, 39 (8).

Jappelli, T., Pagano, M., "Saving, Growth, and Liquidity Constraints," *The Quarterly Journal of Economics*, 1994, 109 (1).

Kassebaum, N. J., et al., "Global, Regional, and National Levels of Maternal Mortality, 1990–2015: A Systematic Analysis for the Global Burden of Disease Study 2015," *The Lancet*, 2016, 388 (10053).

Kraay, A., "Household saving in China," *The World Bank Economic Review*, 2000, 14 (3).

Leff, N. H., "Dependency Rates and Savings Rates," *American Economic Review*, 1969, 59 (5).

Levine, J. A., "Non-Exercise Activity Thermo Genesis (NEAT): Environment and Biology," *American Journal of Physiology - Endocrinology and Metabolism*, 2004, 62 (62).

Linton, R., *The Study of Man: an Introduction*, D. Appleton-Century Company, 1936.

Lopata, H. Z., *Widows: The Middle East, Asia, and the Pacific (Vol. 1)*, Duke University Press, 1987.

Lopata, H. Z., "Becoming and Being A Widow: Reconstruction of the Self and Support Systems," *Journal of Geriatric Psychiatry*, 1986, (19).

MacWilliam, L., *Comparative Guide to Nutritional Supplements*, Northern Dimensions Publishing, 2003.

Mason, R., "The Social Significance of Consumption: James Duesenberry's Contribution to Consumer Theory," *Journal of Economic Issues*, 2000, 34 (3).

Modigliani, F., Brumberg, R., "Utility Analysis and the Consumption Function: An Interpretation of the Cross - Section Data," in *Post-Keynesiam Economics*, ed. Kurihara, K. K., Rutgers University Press, 1954.

Pinquart, S. W., Silvia, Sö Rensen, M., "Changes in Attitudes Among Children and Elderly Adults in Intergenerational Group Work," *Educational Gerontology*, 2000, 26 (6).

Powell, D. H., Whitla, D. K., "Normal Cognitive Aging: Toward Empirical Perspectives," *Current Directions in Psychological Science*, 1994, 3 (1).

Ramajo, J., et al., "Explaining Aggregate Private Saving Behavior: New Evidence from a Panel of OECD Countries," *Applied Financial Economics Letters*, 2006, 12 (5).

Rice, D. P., Fineman, N., "Economic Implications of Increased Longevity in the United States," *Annual Review of Public Health*, 2004, 25 (25).

Riley, M. W., "Social Gerontology and the Age Stratification of Society," *The Gerontologist*, 1971, 11 (1).

Rix, S. E., *The American Woman 1988 - 1989: a Status Report*, W. W. Norton & Company, 1989.

Seeman, T. E., Adler, N., "Older Americans: Who Will They Be?" *National Forum*, 1998, 78 (2).

Stolnitz, G. J., "Demographic Causes and Economic Consequences of

Population Aging: Europe and North America," *Economic Studies*, 1992, (3).

Thaler, R. H., Shefrin, H. M., "An Economic Theory of Self-Control," *Journal of Political Economy*, 1981, 89 (2).

Turner, R. H., "Role Change," *Annual Review of Sociology*, 1990, 16 (1).

United Nations Department of Economic and Social Affairs, *Population Division 2015*, 2015.

United Nations Department of Economic and Social Affairs, *World Population Prospect: 2015 Revision*, 2015.

United Nations Department of Economic and Social Affairs, *World Social Protection Report 2014-2015*, 2015.

Weil, D. N., "Population Growth, Dependency, and Consumption," *American Economic Review*, 1999, 89 (2).

Wilson, S. J., "The Savings Rate Debate: Does The Dependency Hypothesis Hold for Australia and Canada?" *Australian Economic History Review*, 2000, 40 (2).

Yogo, M., "Portfolio Choice in Retirement: Health Risk and the Demand for Annuities, Housing, and Risky Assets," *Journal of Monetary Economics*, 2016, (80).

Zeldes, S. P., "Consumption and Liquidity Constraints: An Empirical Investigation," *Journal of Political Economy*, 1989, 97 (2).

图书在版编目(CIP)数据

中国老年人口消费研究/石贝贝著. -- 北京：社会科学文献出版社，2023.6
ISBN 978-7-5228-1741-5

Ⅰ.①中… Ⅱ.①石… Ⅲ.①老年人-消费者行为论-研究-中国 Ⅳ.①F126.1

中国国家版本馆 CIP 数据核字(2023)第 071718 号

中国老年人口消费研究

著　　者／石贝贝

出 版 人／王利民
组稿编辑／任文武
责任编辑／郭　峰　程亚欣
责任印制／王京美

出　　版／社会科学文献出版社·城市和绿色发展分社（010）59367143
　　　　　地址：北京市北三环中路甲29号院华龙大厦　邮编：100029
　　　　　网址：www.ssap.com.cn
发　　行／社会科学文献出版社（010）59367028
印　　装／三河市东方印刷有限公司
规　　格／开本：787mm×1092mm　1/16
　　　　　印张：11.5　字数：140千字
版　　次／2023年6月第1版　2023年6月第1次印刷
书　　号／ISBN 978-7-5228-1741-5
定　　价／88.00元

读者服务电话：4008918866

版权所有 翻印必究